책을 펴내면서

5시간 영문법은 중3정도의 영어 실력을 가진 학습자가 토익이나 수능 공시 수준의 영어 시험에 대처할 만한 문법 실력을 단기간에 쌓을 수 있도록 고안된 학습서입니다. 영문법의 개념을 잡는 데 큰 도움이 될 것입니다. "에이, 그래도 5시간은 좀 심했다." 라고 말할 것입니다. 5시간이면 충분합니다. 1시간만 읽어 봐도 영어문법이 생각보다 간단하다고 느낄 수 있을 것입니다.

필자는 '길치'여서 25년간 산 도시의 지리를 잘 모릅니다. 거의 아예 모른다고 해도 과언이 아닙니다. 집 근처와 시내만 압니다. 그러나 마음먹고, 지도 펼치고, 산꼭대기에 올라가서 내려다보며 익히면 30분 안에 어느 동네 옆에 어느 동네가 있고 여기가 그곳이고 정도는 알 수 있을 듯합니다. 이 책은 그런 책입니다. 통독하십시오. 통할 것입니다. 영어 문법, 그리 복잡하지 않습니다. 이 책은 무엇이 중한지를 분명히 하고 있습니다. 어느 정도 이해가 되었으면 그냥 좀 외워주십시오.
최대한 빨리 이 책을 끝내고 어휘 독해 위주로 공부하십시오. 실력이 좀 부족해도 기출문제를 많이 푸십시오. 정답 찍고 답 외우는 것 결코 나쁜 것이 아닙니다.
그런 게 다 공부이고 실력입니다. 무소의 뿔처럼 나아가십시오. 이 책은 영문법의 핵심 중 핵심을 관통하고 있습니다. 정말 당신의 인생이 바뀔지도 모릅니다.
이런저런 영어 학습법에 현혹되지 마십시오. "짧은 개념 정리, 긴 암기" 영어 학습의 길이고 진리입니다. 제 말을 꼭 믿으십시오. 그러면 얻을 것입니다. 입에 단내가 나도록 외우십시오. 단순 암기는 행복이요, 평화며, 복잡한 사고의 초석입니다. 가끔씩 본서를 꺼내들어 가볍게 복습하십시오. 어느새 책의 내용이 체화될 것입니다.

5시간 영문법

당신의 인생이
확 바뀔지도 모르는

5시간만에 끝내는 영문법

지은이 조정환

수능영어, 토익, 공무원 영어를
공부하기 전에 꼭 읽어야 할

핵심 영문법!

올해 수능 문법문제,
공무원 시험문제,
토익문제도 여기서 나온다.

영문법, 알고보면 참 쉽다!

Contents

제1장

오

"1시간이면 이해하는 영문법"

☆ 제 1장

부담없이 쭉 읽어보는
1시간이면 이해하는 **영문법**

이 세상의 모든 언어는 **명사, 동사, 형용사, 부사**로 이루어진다. 이 4개의 품사를 이해하는 것이 영어문법을 공부하는 첫걸음이다. 명사는 **명사구**와 **명사절**로, 형용사는 **형용사구**와 **형용사절**로, 부사는 **부사구**, **부사절**로 확장된다. 혹시 완전히 이해가 안 되도 부담 없이 쭉 읽어 보기를 당부한다.

✓명사

명사는 사물의 이름인데 그 역할이 중요하다. 명사는 문장에서 **주어, 보어, 목적어** 역할을 한다.

✓한 단어 명사.

I am Tom.
주어(S)　BE동사(V)　보어(C)

am은 be동사로서 '~이다' 로 해석된다.
be동사 뒤에 나오는 명사 Tom이 **be동사의 보어**.

I like Tom.
주어(S)　일반동사(V)　목적어(O)

like는 일반동사.
일반동사 뒤에 나오는 명사를 **동사의 목적어**라 한다.

✓명사구

두 단어 이상으로 이루어져 명사 역할, 즉 **주어, 보어, 목적어** 역할을 하는 것을 **명사구**라 한다.
명사구에는 딱 두 개, To부정사의 명사적 용법과 동명사가 있다.

1. To부정사의 명사적 용법: ~것으로 해석된다.
문장에서 **주어, 보어, 목적어** 역할을 한다.

To see her is to love her
주어(S)　　　동사(V)　　보어(C)

그녀를 보는 것이 그녀를 사랑하는 것이다.
즉 그녀를 보면 사랑하게 된다. To see her가 이 문장의 주어 역할을 했다. 주어는 명사이므로
To see her는 명사구 즉 To 부정사의 명사적 용법이다. To love her가 be 동사의 보어 역할을 했다.
보어는 명사이므로 명사구, 즉 To 부정사의 명사적 용법이 된다.

I plan to study English.
주어(S)　동사(V)　　　　목적어(O)

to study English가 동사 plan의 목적어 역할을 했다.
목적어는 명사이므로 to study English는 명사구 즉 To 부정사의 명사적 용법이다.

2. 동명사: To부정사의 명사적 용법과 마찬가지로 ~것으로 해석된다. 문장에서 **주어, 보어, 목적어** 역할을 한다.

Seeing her is loving her.

주어(S)   동사(V)   보어(C)

해석은 To 부정사의 **명사적 용법**일 때와 같다. 그녀를 보는 것은 그녀를 사랑하는 것이다.
Seeing her가 문장의 주어 역할을 했으므로 **명사구** 즉 동명사구이다.
loving her가 be동사 is의 보어 역할을 했으므로 **명사구**, 즉 동명사구이다.

I enjoy studying English.

주어(S)   동사(V)   목적어(O)

나는 영어를 공부하는 것을 즐긴다.
studying English가 동사 enjoy의 목적어 역할을 했으므로 **명사구**, 즉 동명사구로 쓰였다.

동명사가 문장에서 주어, 보어, 목적어 역할을 했다. 즉 동명사도 **명사구**를 만든다.
이처럼 명사구에는 To부정사의 명사적 용법과 동명사, 딱 두개가 있다.
영어 기초를 공부하는 단계에서 To부정사와 동명사의 차이점에 큰 관심을 둘 필요는 없다.
오히려 **양자 간의 유사성**이 더 중요하다.
다시 말해서 To부정사와 동명사는 거의 같은 것이라고 봐도 무방하다.

✓명사절

주어, 동사를 동반하는 문장 즉, 하나의 절이 통째로 주 문장에서 주어, 보어, 목적어 역할을 하는 것을 명사절이라 한다. 명사절을 만들기 위해서는 명사절을 이끄는 접속사가 필요하다.

명사절을 이끄는 접속사 that: ~것의 의미로 쓰인다.

That Tom is honest is true.
　　　　　　주어(S)　　　　　　동사(V)　보어(C)

Tom이 정직하다는 것은 사실이다.
That Tom is honest가 주어로서 명사절이고 that은 명사절을 이끄는 접속사다.

My hope is that Tom will recover soon.
　　주어(S)　동사(V)　　　　　　보어(C)

내 희망은 Tom이 곧 회복하는 것이다.
that Tom will recover soon이 is의 보어로서 명사절이고 that은 명사절을 이끄는 접속사로 쓰였다.

I know that Tom is honest.
주어(S)　동사(V)　　　　목적어(O)

나는 Tom이 정직하다는 것을 안다.
that Tom is honest가 일반동사 know의 목적어로서 명사절이고 that은 명사절을 이끄는 접속사로 쓰였다.

위의 세 문장에서 that절이 통째로 주어, 보어, 목적어 역할을 했다.
그래서 이 that절을 명사절이라 부르고 that이 명사절을 이끄는 접속사 역할을 한다.
접속사 that 뒤에 주어, 동사로 이루어진 완전한 문장이 따라오는 것을 기억하자.
한 단어 명사이든, 명사구든. 명사절이든 명사는 문장에서 주어, 보어, 목적어 역할을 한다
명사절을 이끄는 접속사는 15개가 있다.
(that, whether, if, where, when, why, how, whose, who, whom, what, which, whoever, whatever, whichever)
2장, 3장, 12장에서 자세히 다루겠다.

✓동사

He killed.
죽였다(타동사)

He died.
죽었다(자동사)

두 문장 중 어색한 문장을 골라보자. 예상했겠지만 첫 번째 문장 He killed가 어색하다.
Kill은 '죽이다' 라는 뜻인데 '그는 죽였다' 라는 말은 조금 어색하다.
반면 die는 '죽다' 라는 동사인데 '그는 죽었다' 는 의미가 통한다.

He killed a dog.
주어(S) 죽였다(타동사) 목적어(O)

그는 개를 죽였다.

위의 예문처럼 kill이라는 동사는 목적어 a dog이 있을 때 의미가 더 잘 통한다.
이처럼 목적어가 있을 때 뜻이 더 잘 통하는 동사를 타동사라 한다.
이 문장은 같은 의미의 다른 형태, 즉 수동태로 바꿀 수 있다.

동사 3단 변화

kill ⟶ 동사원형 / 동사
killed ⟶ 동사과거형
killed ⟶ 과거분사 (동사아님)

He killed a dog.〔능동태〕
A dog was killed by him.〔수동태〕

A dog was killed by him과 같은 문장을 **수동태 문장**이라 하는데 A dog이 주어로서 명사이고
was가 be동사인데 killed는 무엇일까?
이 killed는 과거분사라 하여 kill (동사원형), killed (동사과거형), killed (과거분사) 동사 3단 변형의 세 번째 것이다.
과거분사는 동사라고는 할 수 없는 특이한 것으로 수동태를 만드는데 중요한 요소가 된다.

자동사

He died a dog.
주어(S) 동사(V)

한편 자동사 die는 '죽다'라는 뜻의 동사인데 뒤에 목적어가 오면 의미가 통하지 않는다.
즉, '그는 개를 죽었다'라는 비문법적 문장이 된다.
이처럼 목적어가 올수 없는 동사를 자동사라 한다. 자동사는 수동태로 쓸 수 없다.

참고) 사실 kill도 자동사로 쓸 수 있다. 드문 경우이므로 설명의 편의를 위해 무시했다.

✓형용사

형용사는 명사를 수식하거나 서술하는 역할을 한다. 형용사구, 형용사절로 확장된다.

한 단어 형용사

smart는 boy라는 **명사를 수식하는 형용사**이다.

여기서 smart는 직접 수식할만한 명사가 뒤에 따라 오지 않는다.
그러나 주어 Tom이 영리하다는 것을 서술해주는 보어로 쓰였다. 이를 서술적 용법의 형용사라 한다.
기억하자. 형용사는 2종류가 있다.
명사를 직접 수식하는 형용사와 be동사의 보어가 되어 주어를 서술하는 형용사.

그래서 be동사의 보어 자리에는 명사도 올수 있고 형용사도 올수 있다.

✓형용사구

형용사구는 4종류로 나누어진다.
즉 to부정사의 형용사적 용법, 전치사+명사, 현재분사, 과거분사구가 선행하는 명사를 수식한다.

1. To부정사의 형용사적 용법: ~할, ~해야하는

I have the obligation (to help the boy.)
주어(S) 동사(V)   목적어(O)   ↑

명사를 수식하므로 to help the boy는 to부정사의 형용사적 용법.

나는 그 소년을 도울 의무가 있다. to help the boy가 the obligation(의무)이라는 **명사를 수식하므로** 형용사구, 즉 To 부정사의 형용사적 용법이다.

2. 전치사+명사

I saw a girl (with a telescope.)
                    전치사 + 명사 형용사구
          ↑
          명사수식

나는 망원경을 가진 소녀를 보았다. with a telescope이 명사 a girl을 수식하므로 형용사구다.
전+명사가 통째로 형용사구로 쓰인다는 것을 알 수 있다.

3. 현재분사: ~하고 있는

The man (killing a dog) is Tom.
주어(S)   명사수식   동사(V)   보어(C)

개를 죽이는 남자는 Tom이다. killing a dog이 명사 the man을 수식하므로 형용사구다.
현재분사는 뒤에서 앞에 있는 명사를 꾸미는 경우가 많다.

4. 과거분사: ~당한

The dog (killed in the yard) is my dog.
주어(S)   명사수식   동사(V)   보어(C)

마당에서 죽임 당한 개는 나의 개다.
이 문장의 동사는 is 이고, killed in the yard가 명사 the dog을 수식하므로 형용사구다.
이 killed는 **동사 3단 변형**, kill- killed- killed의 3번째 것으로 동사가 아니라 형용사다.
kill(동사원형)-killed(동사의 과거형)-killed(과거분사, 주로 형용사). **3단 변형을 외우자.**

✓형용사절

형용사절을 만들기 위해서는 **형용사절을 이끄는 접속사**가 필요하다.
형용사절은 선행하는 **명사**를 수식한다.

who loves me는 the man을 수식한다. 즉, 그는 나를 사랑하는 남자라고 해석된다.

여기서 who loves me는 선행사 the man을 수식하는 형용사절 이고 who는 형용사절을 이끄는 접속사다.

그런데 이 문장 He is the man who loves me을 다음과 같이 해석할 수도 있다.

"그는 그 남자인데 그가 나를 사랑한다" 물론 같은 뜻이다.

다만 두번째 해석에서 who는 '그'라는 뜻으로 해석되어 loves의 주어가 된다.

주어는 명사이므로 who에게는 ~명사라는 이름도 필요하다. 그래서 이 who를 관계대명사라고도 한다.

다시 말해서 who는 2가지 역할을 한다.

형용사절을 이끄는 접속사 역할을 함과 동시에 loves의 주어, 즉 주격관계대명사 역할을 한다.

우리가 흔히 알고 있는 관계대명사는 기본적으로 형용사절을 이끄는 접속사이다.

관계대명사라는 이름 보다는 형용사절을 이끄는 접속사라는 이름이 훨씬 더 중요하고 이해하기도 더 쉽다.

기억하자. 관계대명사는 형용사절을 이끄는 접속사이다.

현 단계에서 관계대명사를 완전히 이해하지 못해도 좋다.

다만 관계대명사는 형용사절을 이끄는 접속사라는 것은 꼭 기억하자.

형용사절을 이끄는 접속사에는 who, whom, which, that, whose, where, when, why, how
9가지(전치사+관계대명사 제외)가 있는데 2장, 11장, 12장에서 자세히 다루겠다.

부사

부사는 동사, 형용사, 부사를 수식한다.

한 단어 부사

happily는 동사 lived를 수식하므로 부사이다.

very는 부사 happily를 수식하므로 부사이다.

very는 smart라는 형용사를 수식하므로 부사이다.

✓부사구

부사구에는 To부정사의 부사적 용법, 전치사+명사, 현재분사, 과거분사가 있다.
즉 to부정사, 전치사+명사, 현재분사, 과거분사는 형용사구로도 쓰지만 부사구로도 쓴다.

1. To부정사의 부사적 용법: ~하기 위해서

to study English가 동사 bought를 수식하였으므로 to부정사의 부사적 용법이다.
즉 '나는 영어를 공부하기 위해서 책을 샀다' 라고 해석된다.

2. 전치사+명사

'나는 망원경을 가지고 소녀를 보았다'라고 해석된다.
with a telescope이 동사 saw를 수식하므로 부사구이다. 이 문장은 두 가지 해석이 가능하다.
즉 with a telescope이 형용사구로서 a girl을 수식한다면 '나는 망원경을 가진 소녀를 보았다' 라고
해석되고 with a telescope이 부사구로서 saw를 수식한다면 '나는 망원경으로 소녀를 보았다' 라는
해석이 된다. 전치사+명사가 형용사구로도 쓰고 부사구로도 쓰이기 때문에 일어나는 현상이다.
이것에 대해서는 제7장에서 상세히 다루겠다.

3. 현재분사(분사구문): ~한 후에, ~때문에, ~하면서, ~라면 등 문맥에 따라 융통성 있게 해석한다.

Killing a dog, he was punished.

주어(S)

동사+과거분사를 수식하므로 부사구

'개를 죽인 후에 그는 처벌당했다'라고 해석된다. 이 문장에서 주절은 'he was punished'이다.
주어는 he이고 동사는 was이다. punished는 과거분사로서 be동사 was 뒤에서 수동태 문장을 완성해 준다.
killing a dog는 부사구로서 was punished를 수식한다. killing a dog이라는 현재분사구가 부사구로 쓰인 예이다.
현재분사가 부사구로 쓰였을 때 분사구문이라고 부르기도 한다.

4. 과거분사(분사구문): ~당한 후에, ~당했기 때문에, ~당하면서, ~당했다면 등 문맥에 따라 융통성 있게 해석한다.

Killed in the yard, the dog went to Heaven.

주어(S)   동사(V)

동사를 수식하므로 부사구

이 문장의 주어는 the dog이고 동사는 went이다. killed in the yard는 부사구로서 동사 went를 수식한다.
'마당에서 죽임 당한 후에 그 개는 천국에 갔다'라고 해석된다. killed in the yard 라는 과거분사구가 부사구로
쓰인 예이다. 과거분사가 부사구로 쓰였을 때 분사구문이라고 부르기도 한다.

✓부사절

부사절을 만들기 위해서는 **부사절을 이끄는 접속사**가 필요하다.

After he killed a dog, he was punished.

부사절을 이끄는 접속사 ─ 부사절 ─ 수식 ─ 주절

이 문장의 주절은 he was punished이다. After he killed a dog는 동사 was 와 과거분사 punished를 수식한 부사절이고 After는 부사절을 이끄는 접속사다. '그는 개를 죽인 후에 처벌당했다'라고 해석된다.

After the dog was killed in the yard, the dog went to Heaven.

부사절을 이끄는 접속사 ─ 부사절 ─ 수식 ─ 주절

이 문장의 주문장, 즉 주절은 the dog went to heaven이다. After the dog was killed in the yard는 주절의 동사 went를 수식하는 부사절이고 After는 부사절을 이끄는 접속사 역할을 했다. 부사절은 문장 앞에 오면 좋지만, 문장뒤에도 자주온다. 부사절을 이끄는 접속사는 50종류 이상이 있다. 12장에서 정리했다.

이로서 명사, 동사, 형용사 부사에 대한 최소한의 설명을 했다. 즉 제 1장 '1시간 영문법'이 끝났다.
그 과정에서 부정사, 동명사, 전치사, 접속사, 분사, 관계대명사 등, 한번쯤은 들어봤을 법한 문법용어들이 동원되었다. 우리가 들어온 대부분의 문법용어들은 사실, **명사구 명사절 형용사구 형용사절 부사구 부사절** 등을 만들고, 설명하기 위한 것이다.
다시 한번 명심하자. **이 세상의 모든 언어는 명사, 동사, 형용사, 부사로 이루어진다.**

미리 하는 2관왕, 3관왕 이야기

영어에는 2관왕, 3관왕이 많다. 오히려 1관왕이 드물다. 예를 들어 To부정사는 3관왕이다.
같은 모양으로 **명사적 용법, 형용사적 용법, 부사적 용법** 세 가지 의미로 쓰여 해석이 각각 다르다.

~ing 형태도 마찬가지다. ~ing가 **명사**로 쓰이면 **동명사**이고, **형용사**로 쓰이면 **현재분사**고, **부사**로 쓰면 **부사적 현재분사(분사구문)**이다. 과거분사도 대충 2관왕 3관왕 심지어 4관왕으로 쓰인다. 대개 **be 동사** 뒤에서 **수동태**를 만들거나 **명사를 수식하는 형용사**로 쓰이고 **부사적 과거분사(분사구문)**로도 자주 쓰인다. **전치사+ 명사**도 2관왕이다. 앞에서 이야기했듯이 **형용사구와 부사구 역할**을 한다.

앞으로 배울 접속사도 다관왕이 대부분이다. 이런 다관왕 현상(?)은 영문법 이해의 핵심중의 핵심이고, 한국인이 영문법을 이해하지 못하는 가장 큰 이유이다.

우리가 가장 중점을 두고 이해해야할 부분도 같은 모양의 단어가 사뭇 다른 역할을하는 다관왕 이야기다.

제2장

오

"3시간이면
이해하는
영문법"

☆ 제 2장

부담없이 쭉 읽어보는
3시간이면 이해하는 **영문법**

이 세상의 모든 언어는 **명사**, 동사, 형용사, 부사로 이루어진다. 다만 **명사**, 형용사, 그리고 부사는 구와 절의 형태로 좀 더 복잡하게 발전하고, 동사는 자동사 타동사 등 5종류로 나누어진다.

✓명사

명사는 문장에서 주어, 보어, 목적어 역할을 한다.

✓한 단어 명사.

✓명사구

명사구에는 딱 2개 To부정사의 **명사적용법**과 **동명사**가 있다.
역시 문장에서 **주어, 보어, 목적어** 역할을 한다.

1. To부정사의 명사적 용법: ~하는 것

To부정사가 문장에서 주어, 보어, 목적어 역할을 했기 때문에 명사구, 즉 To부정사의 명사적 용법이다.
To부정사 To see, to love, to study 뒤에 각각 나오는 her 와 English를 To 부정사의 목적어라 부른다.
이 개념은 중요하다. 그래서 다양한 시험에서 직간접적으로 출제된다.
예를 들어 (   )her is to love her 라는 문장에서 괄호 안에는 어떤 품사가 들어 가야할까?
일단 괄호뒤의 her는 주격이 아니므로 주어가 될 수 없다. 그렇다면 괄호 안에 주어, 즉 명사가 들어 가야하는데
한 단어 명사 I 나 Tom은 적합하지 않다. I, Tom같은 한 단어 명사는 her를 목적어로 받을 수 없기 때문이다.
다시 말해서, 한단어 명사 I 와 her, 또는 Tom과 her는 연속으로 쓸 수 없다. 그렇다면 her를 목적어로 받을 수
있는 명사에는 무엇이 있을까? To 부정사와 동명사가 있다. 괄호에는 To 부정사, 또는 동명사가 들어 갈수 있다.
둘 다 her를 목적어로 받을 수 있는, 즉 명사구를 이룰 수 있는 품사이기 때문이다. 다만 is 의 보어자리에
To부정사, to love her가 들어간 만큼, 주어자리에도 동명사를 피하고 To부정사를 쓰는 것이 순리다.
정답은 To 부정사. To부정사와 동명사의 차이를 묻는 문제는 악명 높은 9급 공무원 시험에도 갈수록 덜 출제
되고 있다. 그래도 세상일은 알 수 없으니 따로 공부하실 분은 좀 외워두자.
예를 들어 위의 예문, I plan to study English에서 볼 수 있듯이 plan, wish와 같은 미래 지향적 동사는 동명사
보다는 to부정사를 명사구 목적어로 취하는 경우가 많다.

2. 동명사: ~하는 것

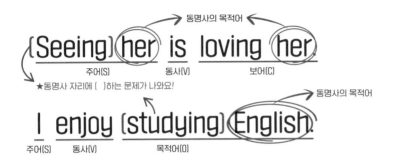

~ing가 문장에서 **주어, 보어, 목적어 역할**을 했으므로 **명사구**, 즉 **동명사구**이다.
동명사 Seeing, loving, studying 뒤에 각각 나오는 her와 English를 동명사의 목적어라 부른다.
이 개념은 중요하다. **다양한 시험에서 직간접적으로 출제**된다. 예를 들어 (   )her is loving her라는
문장에서 괄호 안에는 어떤 품사가 들어 갈 수 있을까? 앞에서 말했듯이 To부정사와 동명사가 **적합**하다.
her와 English를 목적어로 취할 수 있기 때문이다. 다만 is의 보어자리에 동명사구 loving her가 있으므로
주어자리에도 to부정사보다는 **동명사 Seeing**을 쓰는 것이 순리다.
예문 I enjoy studying English에서 볼 수 있듯이 **enjoy**는 **명사구 목적어를 취할 때 To부정사를 피하고**
동명사를 받는다.

✓ 명사절

명사절을 만들기 위해서는 **접속사가 필요하다.**
명사절을 이끄는 접속사는, 기준에 따라 다르겠지만 15개 정도가 있다. 그 중 이해하기 쉬운 것들을 먼저 다루겠다.

위의 3개의 문장들에서
that절이 주어, 보어, 목적어 자리에 왔으므로 that절은 명사절이고 that은 명사절을 이끄는 접속사다.

나는 Tom이 정직한지 아닌지 모른다.
whether절이 목적절이므로 명사절이고 whether는 명사절을 이끄는 접속사다.

나는 어디서 그를 만났는지 기억한다.
where절이 목적절이므로 명사절이고 where는 명사절을 이끄는 접속사다.

나는 언제 내가 그를 만났는지 기억한다.
when이 명사절을 이끄는 접속사다.

나는 왜 내가 그를 만났는지 기억한다.
why가 명사절을 이끄는 접속사다.

나는 어떻게 그를 만났는지 기억한다. how가 명사절을 이끄는 접속사다.

나는 누가 Jane을 사랑하는지 안다.

who loves Jane이 목적절이므로 명사절이고 who는 명사절을 이끄는 접속사다.

다만 who는 loves의 주어 역할을 겸하고 있다. 그래서 who뒤에 불완전한 문장이 온다.

주어는 명사이므로 who에게는 ~ 명사라는 이름도 필요하다. 필자는 접속대명사라고 부르고 싶다.

접속사의 역할과 명사의 역할을 겸하기 때문이다. 영문법 용어가 아직 완전히 통일되지도 않았고 오류도 많다.

다른 책에서는 접속대명사가 다른 뜻으로 쓰일 수 있음을 밝혀둔다.

중요한 것은 who가 명사절을 이끄는 접속사라는 점이다.

나는 제인이 누구를 사랑하는지 안다.

whom이 명사절을 이끄는 접속사다. 이 문장을 직독직해하면 나는 안다 누구를 Jane이 사랑하는지가 된다.

여기서는 whom이 loves의 목적어 역할을 겸한다. 다시 말해서 whom은 목적절 whom Jane loves를 이끄는

명사절을 이끄는 접속사임과 동시에 loves의 목적어, 즉 명사역할을 한다. **그래서 whom 뒤에 불완전한 문장이**

온다. 역시 접속대명사이다.

나는 무엇이 중요한지를 안다.

what is important가 목적절이므로 명사절이다. what은 명사절을 이끄는 접속사다. 그런데 what은 명사절을

이끄는 접속사임과 동시에 is의 주어역할을 한다. 주어는 명사이므로 what에게는 명사절을 이끄는 접속사라는

이름과 동시에 ~명사라는 이름도 있을 수 있다. 즉 what은 접속대명사다. 그래서 what 뒤에는 불완전한 문장이

따라온다. **what이 자신이 이끄는 그 문장에서 주어, 보어, 목적어 역할을 하기 때문이다.**

나는 그가 무엇을 원하는지 안다.

what he wants 는 목적절이므로 명사절이고 what은 명사절을 이끄는 접속사다. 그런데 여기서도 what은 명사절을 이끄는 접속사임과 동시에 wants의 목적어, 즉 명사 역할을 한다. **그래서 what 뒤에 목적어가 빠진 불완전한 문장이 왔다.** 접속대명사라 부르겠다.

나는 어느 것이 나은지 안다.

which is better이 목적절이므로 명사절이고 which는 명사절을 이끄는 접속사다. 다만 which는 is의 주어 역할을 겸한다. 주어는 명사이므로 which는 ~명사라고 부를 수 있다. **그래서 접속대명사라고도 한다.** 그리고 which뒤에는 주어가 빠진 불완전한 문장이 따라 나왔다.

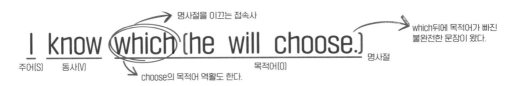

나는 그가 어느 것을 선택할지를 안다.

which he will choose가 목적절이므로 명사절이고 which는 명사절을 이끄는 접속사다. **여기서도 which는 choose의 목적어 역할을 겸하고 있다.** 목적어는 명사이므로 which에게 접속대명사라는 이름을 준다.

흔히 who, whom, what which 뒤에는 불완전한 문장이 온다고 설명한다.
who whom what which가 명사 역할을 겸하기 때문이다. 여기에도 예외가 있는데 제7장에서 다루겠다.

동사

자동사와 타동사 등으로 구분하고, **능동태와 수동태**가 있다.

He killed a dog.
주어(S) 동사(V) 목적어(O)

여기서 kill은 타동사로서 a dog을 목적어로 취한다.

He died.
주어(S) 동사(V)

died는 자동사이므로 목적어를 취할 수 없다.

타동사로 이루어진 문장은 수동태로 고칠 수 있다.

He killed a dog.[능동태]

A dog was killed by him.[수동태]
be동사   과거분사   부사구. 생략가능
[형용사 성격을 가짐]

동사 3단 변화

kill → 동사원형 (동사)

killed → 동사과거형

killed → 과거분사 [동사아님]

이 수동태 문장의 동사는 was이다. 그렇다면 was 뒤의 killed는 무엇일까?

이 killed는 동사 3단 변형, 즉 kill(동사의 원형), killed(동사의 과거형), killed(과거분사)의 세 번째 것 즉, 과거분사이다. 과거분사란 동사의 성격과 형용사의 성격을 모두 가진 특별한 품사인데, 필자는 형용사적 성격을 강조하고 싶다. **즉 수동태 문장 A dog was killed by him에서 killed를 be 동사 뒤에 흔히 따라오는 형용사로 보면 이해하기 편하다.**

자동사는 목적어가 올 수 없다. 그래서 수동태로 바꿀 수도 없다.

died는 자동사이므로 a dog을 목적어로 취할 수 없다. **자동사로 이루어진 문장은 수동태로 만들 수도 없다.**

✓형용사

형용사는 **명사를 직접 수식**하거나 **풀어서 서술**한다.

한 단어 형용사
명사를 직접 수식하는 제한적 용법

형용사 smart가 명사 boy를 직접 수식한다.

주어 등을 풀어서 설명하는 서술적 용법

여기서 smart는 직접 꾸밀만한 명사가 뒤에 따라오지 않지만 **주어 He를 풀어서 서술**한다.
이때 smart가 be동사의 **보어 역할**을 한다.

✓형용사구

형용사구에는 To부정사의 형용사적 용법, 전치사+명사, 현재분사, 과거분사구가 있다.
딱 4개다. 충분히 외울 수 있다.

1. To부정사의 형용사적 용법: ~하는

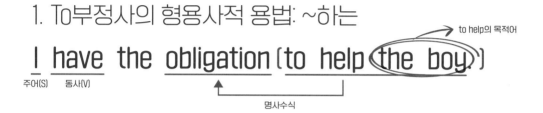

나는 소년을 도울 의무를 가지고 있다. to help the boy는 앞에 있는 명사 the obligation(의무)을 수식하는
To부정사의 형용사적 용법이다. 이때 the boy는 to부정사의 목적어라 부른다. to help에 괄호 친 문제가
나온다면 to부정사가 정답이 될 수 있다는 가능성을 열어 두어야 한다. the boy, 즉 to부정사의 목적어가
괄호 바로 뒤에 있기 때문이다. 게다가 obligation(의무), right(권리), ability(능력) 등의 단어 뒤에는
to부정사의 형용사적 용법이 습관적으로 나온다.

2. 형용사구로 쓰이는 전치사+명사

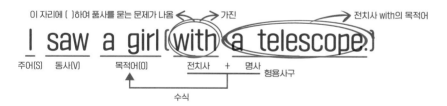

나는 망원경을 가진 소녀를 보았다. with a telescope은 a girl을 꾸미는 형용사구다.
이때 a telescope를 전치사의 목적어라 한다. 역시 with에 괄호 친 문제가 나온다면 전치사의 가능성을
열어 두어야 한다. 전치사의 목적어 a telescope가 괄호뒤에 있기 때문이다.

3. 형용사구로 쓰이는 현재분사: ~하고 있는

개를 죽이고 있는 그 남자는 Tom이다. killing a dog는 The man을 꾸미는 형용사구, 즉 현재분사구다.
ing 형태의 구가 명사구로 쓰이면 동명사구이지만 **형용사구로 쓰이면 현재분사구**라 부른다.
a dog은 현재분사의 목적어다. killing에 괄호 친 문제가 나온다면 **현재분사의 가능성**을 열어 두어야한다.
현재분사의 목적어 a dog의 존재 때문이다.

4. 형용사구로 쓰이는 과거분사: ~당한

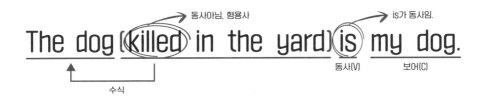

마당에서 죽임 당한 그 개는 나의 개다. 문장의 동사는 is이고, killed in the yard는 the dog을 꾸미는
형용사구다. 과거분사 killed 뒤에는 명사가 오지 않음을 주의하자.

✓형용사절

형용사절을 만들기 위해서는 **형용사절을 이끄는 접속사**가 필요하다.
형용사절을 이끄는 접속사에는 **관계대명사, 관계부사**가 있다.

형용사절을 이끄는 접속사 (관계대명사, 관계부사)
1.관계대명사 who whom whose which that

주격관계대명사

그는 나를 사랑하는 남자다.
who loves me는 the man을 수식하는 형용사절이고 who는 형용사절을 이끄는 접속사다. 그런데 위문장 He is the man who loves me를 '그는 그 남자인데 그가 나를 사랑한다'고 직독직해 할 수도 있다.
물론 같은 뜻이다. 직독직해 해석에서 who는 '그' 라는 의미로 loves의 주어 역할을 했다. 주어는 명사이므로 who에게는 ~명사라는 이름이 필요하다. 그래서 who를 관계대명사, 특히 주격 관계대명사라 부른다.
이렇게 해석하든 저렇게 해석하든 결국 같은 뜻이다. 다만 우리가 흔히 알고 있는 관계대명사는 기본적으로 형용사절을 이끄는 접속사다. 관계대명사라는 이름보다는 형용사절을 이끄는 접속사라는 이름이 이해하기도 쉽고 더 유용하다. 주의할점은 who가 loves의 주어 역할을 하므로 주격관계대명사 who는 주어가 빠진 불완전한 문장을 이끈다는것이다. 위 예문에서 the man을 선행사라 하는데 선행사가 사람이면 who를 쓰고 사물이면 which를 쓴다. that은 선행사가 사람인지 사물인지를 가리지 않고 관계대명사 who와 which를 대신할 수 있다.

목적격 관계대명사:

그는 내가 사랑하는 남자다.

여기서 whom I love는 the man을 수식하는 형용사절이고 whom은 형용사절을 이끄는 접속사다. 그런데 이 문장을 직독직해하면 '그는 그남자인데 그를 나는 사랑한다'라고 해석할 수 있다. 물론 같은 뜻이다. 다만 whom이 '그를'로 해석되어 love의 목적어 역할을 한다. 목적어는 명사이므로 whom에게는 ~명사라는 이름도 필요하다. 그래서 whom을 관계대명사, 특히 목적격 관계대명사라고도 부른다. 이렇게 해석하든 저렇게 해석하든 결국 같은 뜻이다. 우리가 흔히 알고 있는 관계대명사는 기본적으로 형용사절을 이끄는 접속사다. 관계대명사라는 이름보다는 형용사절을 이끄는 접속사라는 이름이 이해하기도 쉽고 더 유용하다. 다만 목적격 관계대명사 whom은 자신이 이끄는 형용사절에 있는 동사의 목적어 역할을 하므로 whom 뒤에는 목적어가 빠진 불완전한 문장이 온다. 위 예문에서 the man을 선행사라 하는데 목적격 관계대명사의 선행사가 사람이면 whom을, 사물이면 which를 쓴다. that은 사람 사물 가리지 않고 whom과 which를 대신 할 수 있다. **목적격 관계대명사는 주격 관계대명사와 달리 생략이 가능하여 He is the man I love 라고 쓸 수 있다. 한 단문에는 2개의 동사가 올 수 없다. 이 문장에서는 is라는 동사와 love라는 동사, 즉 2개의 동사가 보인다. 그래서 우리는 문장 어딘가에 접속사가 생략되었음을 유추할 수 있다.** 더군다나 love가 타동사임에도 목적어가 없는 것을 보고 the man과 I 사이에 목적격 관계대명사가 생략되었음을 알 수 있다.

소유격 관계대명사:

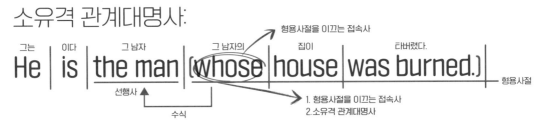

그는 그의 집이 타버린 남자다.

whose house was burned는 the man을 수식하는 형용사절이고 whose는 형용사절을 이끄는 접속사다. 편의상 소유격 관계대명사라고 통상 부른다. whose 뒤에는 **완전한 문장이 온다는 점에서 주격 관계대명사 목적격 관계대명사와 구분된다.** house가 셀수 있는 명사임에도 house 앞에 관사가 없다는 점에 주목하자. **whose는 관사의 역할을 겸한다.**

2.관계부사 where when why how that

나는 내가 그를 만난 장소를 기억한다.

where I met him은 선행사 the place를 수식하는 형용사절이고 where은 형용사절을 이끄는 접속사다. 그런데 위 예문을 직독직해하면 '나는 그 장소를 기억하는데 그곳에서 나는 그를 만났다'라는 해석이 된다. 이 해석에서 where는 무엇을 수식할까? 짐작했겠지만 동사 met을 꾸민다. ('그곳에서 만났다'로 해석하므로) 동사를 수식하는 것은 부사이니 where에게는 ~~부사라는 이름이 필요하다. 그래서 where를 관계부사라고 부른다. 이렇게 해석하나 저렇게 해석하나 해석 내용은 같다. **다만 형용사절을 이끄는 접속사라는 이름이 관계부사라는 이름보다 이해하기 쉽고 유용하다. 기억하자. 관계부사는 형용사절을 이끄는 접속사다.**

나는 내가 그를 만난 날을 기억한다. when I met him이라는 형용사절이 the day라는 명사 즉 선행사를 수식했다. when은 형용사절을 이끄는 접속사다. 그런데 예문을 직독 직해하면 '나는 기억한다 그날을 그때 나는 그를 만났다'라는 의미가 된다. 이때 when은 무엇을 수식할까? 알고 있겠지만 동사 met을 수식한다. ('그때 만났다'로 해석하므로) 동사를 수식하는 것은 부사이니 when에게는 ~부사라는 이름이 필요하다. **그래서 when을 관계부사라 한다. 이렇게 해석하나 저렇게 해석하나 결국 같은 의미이다. 다만 형용사절을 이끄는 접속사라는 이름이 더 이해하기 쉽고 유용하다.**

나는 내가 그를 만난 이유를 기억한다.

why I met him은 선행사, 즉 명사 the reason을 수식하는 형용사절이고 why는 형용사절을 이끄는 접속사다. 그런데 예문을 직독직해하면 '나는 기억한다 그 이유를 그리고 그 이유 때문에 그를 만났다'라고 해석된다. 이때 why는 무엇을 수식할까? 알다시피 동사 met을 수식한다 ('그 이유 때문에 만났다'로 해석하므로) 동사를 수식하는 것은 부사이므로 why에게는 ~부사라는 이름이 필요하다. **그래서 why를 관계부사라 한다.** **이렇게 해석하나 저렇게 해석하나 같은 뜻이다. 다만 형용사절을 이끄는 접속사라는 이름이 더 이해하기 쉽고 유용하다.**

나는 내가 그를 만난 방식을 기억한다.

how I met him은 형용사절로서 선행사, 즉 명사 the way를 수식하고 how는 형용사절을 이끄는 접속사다. 그런데 예문을 직독직해하면 '나는 기억한다 그 방식을 그리고 그 방식대로 그를 만났다'라고 해석된다. 여기서 how는 무엇을 수식할까? 동사 met을 수식한다. 동사를 수식하는 것은 부사이므로 how에게는 ~부사라는 이름이 필요하다. **그래서 how를 관계부사라 한다. how를 형용사절을 이끄는 접속사로 해석하든 관계부사로 해석하여 직독직해 하든 결국 같은 뜻이다. 다만 형용사절을 이끄는 접속사라는 이름이 더 쉽고 유용하다.** 주의) 관계부사 how는 거의 항상 생략하거나 that으로 대체한다.

☆ ★ ☆ ★ ☆ ☆ ☆
관계부사의 생략

위에서 공부한 관계부사 where when why how는 모두 생략 가능하다.

how는 거의 항상 생략하고 where when why도 자주 생략한다. 선행사가 장소이면 따라 나오는 관계부사가 where, 선행사가 시간이면 그 뒤의 관계부사가 when, 선행사가 이유이면 따라 나오는 관계부사가 why, 그리고 선행사가 방식이면 따라오는 관계부사가 how인 것이 너무 뻔해서 굳이 쓰지 않고 생략하는 것이다. 관계부사 where when why how 대신에 that을 쓰는 경우도 흔하다. 관계부사는 완전한 문장을 이끈다.

부사

부사는 문장에서 **동사, 형용사, 부사**를 수식한다.

한 단어 부사

happily는 동사 lived를 수식하는 부사다.

very는 부사 happily를 수식하므로 부사이다.

He is very smart.

very는 형용사 smart를 수식하는 부사다.

✓부사구

부사구에는 To부정사의 부사적 용법, 전치사+명사, 현재분사구, 과거분사구가 있다.
형용사구처럼 딱 4개다. 다시 말해서 똑같은 to부정사, 전치사+명사, 현재분사, 과거분사가 형용사구로도
쓰고 부사구로도 쓴다는 것이다.

1. To 부정사의 부사적용법: ~하기 위해서

나는 영어를 공부하기 위해서 책을 샀다. to study English가 동사 bought를 수식하여 ~하기 위해서 라고
해석하는 것이 가장 자연스럽다. To부정사의 부사적 용법이다. 그러나 문장에서 위치상 to study English가
명사 a book을 수식하는 형용사적 용법인지, 동사 bought를 수식하는 부사적용법인지를 구분하는 것은
쉽지 않다. 이런 모호성을 극복하기 위한 가장 쉬운 방법은 부사적 용법의 to 부정사를 문장 앞으로 끄집어
내는 것이다. 즉, To study English, I bought a book. 이라고 쓴다면 누가 보아도 To study English가 bought를
꾸미는 부사로서 ~하기 위해서라고 해석된다는 것을 알 수 있다. 즉 부사구는 되도록 이면 문장 앞에 두는
것이 현대 국제영어의 추세이다. To study에 괄호하는 문제가 시험에 나온다.

2. 전치사+명사

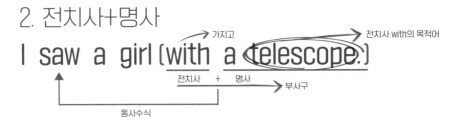

나는 망원경을 가지고 소녀를 보았다. with a telescope이 saw를 수식하는 부사구로 쓰였다.
이 문장은 2가지의 해석이 가능하다. with a telescope을 형용사구로 본다면 '나는 망원경을 가진 소녀를
보았다'라고 해석된다. 뜻 차이가 크다. with a telescope이 부사구로 쓰였을 때는 망원경을 가진 사람이
'나'이고 with a telescope이 형용사구로 쓰였을 때는 망원경을 가진 사람이 '소녀'이다. 문맥을 잘 보고 해석을
결정해야한다. 이런 모호성을 해결하기 위한 가장 좋은 방법은, 부사구는 웬만하면 문장 앞으로 끄집어내는
것이다. 즉, With a telescope, I saw a girl이라고 하면 내가 망원경을 가지고 소녀를 보았다는 것이 명확해진다.
즉, with a telescope이 부사구 역할을 하고 있다는 것이 분명해진다. 형용사구와 부사구를 구분하는 방법은
제 7장에서 자세히 다루겠다.

3. 현재분사(분사구문): ~한 후에, ~하면서, ~때문에 등

그는 개를 죽인 후에 처벌당했다. 부사구 Killing a dog이 주절의 was punished를 꾸미는 부사구로 쓰였다. 현재분사가 부사구로 쓰였을 때 특별히 '분사구문'이라는 별명을 준다. 분사구문은 기본적으로 해석상의 모호함을 가지고 있다. 해석이 그때, 그때 다를 수 있다. 분사구문은 부사구이므로 문장 앞에 오는 경우가 많지만 문장 뒤에, 심지어 주절의 주어 동사 사이에도 온다. 즉 He was punished, killing a dog 또는 He, killing a dog, was punished라는 형태도 자주 쓰인다. 문맥을 존중하여 융통성있게 해석해야한다.

4. 과거분사(분사구문): ~당한 후에, ~당하면서, ~당했다면 등

마당에서 죽임 당한 후 그 개는 천국에 갔다. killed in the yard가 주절의 동사 went를 꾸미는 부사구로 쓰였다. 과거분사가 부사구로 쓰였을 때도 특별히 분사구문이라는 별명을 준다. 분사구문은 기본적으로 해석상의 모호성을 갖고 있다. **분사구문은 부사구이므로 문장 앞에 잘 오지만 문장 뒤에, 심지어 주절의 주어와 동사 사이에도 온다.**

즉, The dog went to Heaven, <u>killed in the yard</u>.
→ 분사구문(부사구) 문장 뒤에 올 수도 있음.

The dog, <u>killed in the yard</u>, went to Heaven의 형태로도 쓰일 수 있다.
→ 분사구문이 주어와 동사사이에도 올 수 있음.

✓부사절

부사절은 부사절을 이끄는 접속사를 필요로 한다. **부사절을 이끄는 접속사는 그 종류가 아주 많다.**
(기준에 따라 다르지만 50여개) 따로 좀 외워야한다. (제 12장에 정리)

After he killed a dog, he was punished.

부사절을 이끄는 접속사 / 부사절 / 수식 / 주어(S) / 동사(V) / 과거분사 / 주절

After he killed a dog이 주절의 **was punished**를 꾸미는 부사절로 쓰였고 After는 부사절을 이끄는 접속사다.
부사절은 부사구 즉 **분사구문으로 줄이는** 경우가 꽤 있다.

줄이는 방법:　1. 일단 접속사를 생략해도 의미상 큰 문제가 없겠다면 생략한다.
　　　　　　　2. 부사절의 주어가 주절의 주어와 같으면 부사절의 주어를 생략한다.
　　　　　　　3. 부사절 동사의 원형에 ing붙인다.
　　　　　　　4. 접속사의 의미를 강조하고 싶다면 생략하지 않고 그대로 둬도 된다.
　　　　　　　　 이때 남겨진 접속사를 '생략하지 않은 접속사'라 부른다. 중요한 개념이다.

주어가 같으므로 생략가능

1. After he killed a dog, he was punished.
　동사원형 + ing

2. Killing a dog, he was punished.
　killing(분사구문)의 목적어

3. After killing a dog, he was punished.
　생략하지 않는 접속사 / 주절

다른 예문을 들어 보자.

After the dog was killed in the yard, the dog went to Heaven.

부사절을 이끄는 접속사 → 부사절 — 동사수식 — 주절

After the dog was killed in the yard는 주절의 동사 **went**를 수식하는 부사절이다.
After는 부사절을 이끄는 접속사다. 부사절은 부사구, 즉 **분사구문으로 줄이는 경우가** 있다.

줄이는 방법: 1. 일단 접속사를 생략해도 의미상 큰 문제가 없다면 생략한다.
  2. 부사절의 주어와 주절의 주어가 같다면 부사절의 주어를 생략한다.
  3. 부사절의 동사원형에 ing를 붙인다. 위 예문에서는 was가 부사절의 동사이므로 was의 원형
    be에 ing를 붙인다. 이때 being은 생략 가능하다.
  4. 접속사의 의미를 강조하고 싶다면 생략하지 않고 그대로 둬도 된다. 이때 남겨진 접속사를
    '생략하지 않은 접속사'라 부른다.

주어가 같으므로 생략가능

1. After the dog was punished in the yard, the dog went to Heaven.
   was의 원형 be+ing

2. Being killed in the yard, the dog went to Heaven.
   생략가능

3. killed in the yard, the dog went to Heaven.

4. After being killed in the yard, the dog went to Heaven.
   '생략하지 않은 접속사'

5. After killed in the yard, the dog went to Heaven.

명사절을 이끄는 접속사는 대략 15개 정도고 형용사절을 이끄는 접속사는 9개정도지만 부사절을 이끄는
접속사는 50여개이다. 제12장에서 더 다루겠다. 흔하게 쓰이는 부사절을 이끄는 접속사: when, as soon as
(~하자마자), until(~일 때까지), before, after, if, once(일단~한다면), unless(~하지 않는다면), as long as
(~이기만 하다면), although(비록~이지만), though(비록~이지만), even though(비록~이지만)
even if(~라고할지라도), because, while(~인 동안에, ~인 반면에), since(~이기 때문에,~인 이래로)
as(~이기 때문에,~일 때,~이듯이)....

✓이로써 3시간 만에 이해하는 영문법을 정리해 보았다.

앞으로 더 다루어야 할 내용이 많지만 영문법을 이해하는데 가장 핵심적인 부분을 집중적으로 다루었다.

이 세상의 모든 언어는 명사 동사 형용사 부사로 이루어진다.

이 4품사만 잘 이해한다면 그 다음은 암기의 문제다.

제3장

오

접속사의
"2관왕, 3관왕"
이야기

☆ 제 3장

접속사의
2관왕, 3관왕 이야기

명사절을 이끄는 접속사는 15개가 있다. (that, whether, if, where, when, why, how, who, whom, whose, what, which, whoever, whatever, whichever) 그 중 9개 (that, where, when, why, how, whose, who, whom, which)는 형용사절을 이끄는 접속사, 즉 관계대명사, 관계부사로도 쓰이고, 8개는 부사절을 이끄는 접속사 (that, whether, if, when, where, whoever, whichever, whatever)로 재활용된다.

what만큼은 명사절을 이끄는 접속사로만 쓴다. 즉 접속사의 대부분이 2관왕, 3관왕이다.

하나하나 예를 들어가며 설명하겠다.

✓ 접속사 who는 2관왕이다.

명사절을 이끄는 접속사로도 쓰고 형용사절을 이끄는 접속사로도 쓴다.
특히 형용사절을 이끄는 접속사로 쓸 때 주격 관계대명사라고 부른다.

명사절을 이끄는 접속사:

형용사절을 이끄는 접속사[주격 관계대명사]:

✓ whom도 접속사로서 2관왕이다.

명사절을 이끄는 접속사로도 쓰고 형용사절을 이끄는 접속사(목적격 관계대명사)로도 쓴다.

명사절을 이끄는 접속사:

형용사절을 이끄는 접속사(목적격 관계대명사):

✓ whose도 접속사로서는 2관왕이다.

명사절을 이끄는 접속사로도 쓰고 형용사절을 이끄는 접속사(소유격 관계대명사)로도 쓴다.

명사절을 이끄는 접속사: 나는 누구의 집이 타버렸는지 안다.

형용사절을 이끄는 접속사(소유격 관계대명사): 나는 자신의 집이 타버린 그 남자를 안다.

whose뒤에는 관사 없는 명사가 따라 나온다. 즉 위의 문장에서 house는 셀 수 있는 명사임에도 그 앞에 관사가 없다. 소유격 whose가 관사 역할을 하기 때문이다.

✓where는 접속사로서 3관왕이다.

명사절을 이끄는 접속사, 형용사절을 이끄는 접속사, 부사절을 이끄는 접속사에 모두 쓰인다.

명사절을 이끄는 접속사:

I remember (where) I met him.

주어(S)   동사(V)   명사절을 이끄는 접속사   목적어(O)   명사절

형용사절을 이끄는 접속사(관계부사):

I remember the place (where) I met him.

주어(S)   동사(V)   목적어(O)   ▲   형용사절을 이끄는 접속사 (관계부사)   형용사절
수식

부사절을 이끄는 접속사: (뜻이 있는 곳에 길이 있다)

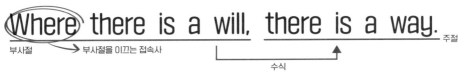

Where there is a will, there is a way.

부사절   부사절을 이끄는 접속사   ▲   주절
수식

a will: 뜻, 의지

✓when은 대표적인 3관왕이다.

명사절을 이끄는 접속사, 형용사절을 이끄는 접속사(관계부사), 부사절을 이끄는 접속사로 골고루 쓰인다.

명사절을 이끄는 접속사:

I remember when I met him.
주어(S)   동사(V)   목적어(O)   명사절

형용사절을 이끄는 접속사(관계부사):

I remember the day [when I met him.]
주어(S)   동사(V)   목적어(O)   형용사절
수식

부사절을 이끄는 접속사:

When he comes here, I will go away.
부사절 → 부사절을 이끄는 접속사   주절
동사수식

✓why는 접속사로서 2관왕이다.

명사절을 이끄는 접속사와, 형용사절을 이끄는 접속사(관계부사)로 쓰인다.

명사절을 이끄는 접속사:

I remember why I met him.
주어(S)   동사(V)   목적어(O)   명사절
→ 명사절을 이끄는 접속사

형용사절을 이끄는 접속사(관계부사):

I remember the reason [why I met him.]
주어(S)   동사(V)   목적어(O)   형용사절을 이끄는 접속사   형용사절
명사수식

✓how도 접속사로서 2관왕이다.

명사절을 이끄는 접속사와 형용사절을 이끄는 접속사로 쓰인다.

명사절을 이끄는 접속사:

I remember (how) I met him.
주어(S)　　　동사(V)　　　　　　　목적어(O)　　　　　명사절
　　　　　　　　　　　　명사절을 이끄는 접속사

형용사절을 이끄는 접속사[관계부사]:

I remember the way (how) I met him.]
주어(S)　　　동사(V)　　　목적어(O)▲　　　　　　　　　　　형용사절
　　　　　　　　　　　　　　수식　　형용사절을 이끄는 접속사
　　　　　　　　　　　　　　　　　[how는 보통 생략한다]

✓that도 대표적인 3관왕이다.

명사절을 이끄는 접속사, 형용사절을 이끄는 접속사(주격, 목적격관계대명사와, 관계부사 where when why how의 대용), 부사절을 이끄는 접속사로 쓰인다.

명사절을 이끄는 접속사:

I know (that) Tom is honest.
주어(S)　　동사(V)　　　　　　목적어(O)　　　목적어이므로 명사절
　　　　　　　명사절을 이끄는 접속사

형용사절을 이끄는 접속사[관계대명사]:

I know the man (that) Jane loves.]
주어(S)　　동사(V)　　선행사▲　　　　　　　　　　형용사절
　　　　　　　　　　수식　　형용사절을 이끄는 접속사 [목적격관계대명사]

부사절을 이끄는 접속사:

I am happy (that) I have achieved the goal
주어(S) 동사(V)　보어(C)▲　　　　　　　　　　　　　　　부사절
　　　　　　　　　　부사절을 이끄는 접속사 [~때문에, ~여서]
　　　　　　　　　수식

목표를 달성해서 기쁘다. 감정을 나타내는 형용사 뒤에 나오는 that절은 부사절 취급한다.
이때 that은~ 때문에 정도로 해석한다. 그 외에도 that이 부사절을 이끄는 접속사로 쓰이는 경우는 꽤 있다.
11장에서 따로 다루도록 하겠다.

✓whether는 2관왕이다.

명사절을 이끄는 접속사로 주로 쓰고 부사절을 이끄는 접속사로도 쓴다.

명사절을 이끄는 접속사:

I don't know whether he is honest or not.

주어(S)　　　동사(V)　　　명사절을 이끄는 접속사　　목적어(O)　　목적어 이므로 명사절

부사절을 이끄는 접속사:　그가 오든 안오든 나는 가버릴것이다.

I will go away, whether he comes here or not.

주어(S)　　동사(V)　　　　동사수식　　　　　　　　　　부사절

✓If도 2관왕이다.

주로 부사절을 이끄는 접속사로 쓰고, 명사절을 이끄는 접속사로도 쓴다.

명사절을 이끄는 접속사:

I don't know if he is honest.

주어(S)　　　동사(V)　　명사절을 이끄는 접속사　목적어(O)　　목적어 이므로 명사절

부사절을 이끄는 접속사:

If he comes here, I will go away.

부사절을 이끄는 접속사　부사절　　　수식　　　　　주절

✓whoever도 2관왕이다.

명사절을 이끄는 접속사와 부사절을 이끄는 접속사로 쓴다.

명사절을 이끄는 접속사: 먼저 오는 누구라도 첫 번째 자리를 가질 것이다. (선착순이다)

Whoever comes first gets the first seat.

명사절   주어(S)   동사(V)   목적어(O)
↳명사절을 이끄는 접속사

부사절을 이끄는 접속사: 누가 먼저오든 그 또는 그녀는 첫 번째 자리를 가질 것이다.

whoever comes first, he or she will get the first seat.

부사절 | 주어(S)   동사(V) ▲   목적어(O)
get이라는 동사를 수식한다.

✓whatever도 2관왕이다.

명사절을 이끄는 접속사와 부사절을 이끄는 접속사로 쓴다.

명사절을 이끄는 접속사: 중요한 것은 무엇이든 조심스럽게 다루어 질 것이다.

Whatever is important will be handled carefully.

명사절   주어(S)   동사(V)   과거분사
↳명사절을 이끄는 접속사

부사절을 이끄는 접속사: 무슨 일이 있어도 그녀와 결혼할 것이다.

whatever happens, I will marry her.

부사절   주어(S)   동사(V) ▲   목적어(O)
↳부사절를 이끄는 접속사
동사수식

✓What은 1관왕이다.

오직 명사절을 이끄는 접속사로만 쓴다. 시험에 자주 나온다.

<u>what is important</u> is money. <small>주어이므로 명사절</small>
<small>주어(S)</small>

my question is <u>what he wants.</u> <small>보어이므로 명사절</small>
<small>보어(C)</small>

I know <u>what he wants.</u> <small>목적어이므로 명사절</small>
<small>목적어(O)</small>

밝혀두기) 복합관계대명사가 이끄는 문장 자체가 동사의 주어가 아니고 복합관계대명사 안에 숨은 선행사가 동사의 주어라는 점 모르는 바 아니다. 그리고 what이 선행사를 포함한 경우도 있다는 점도 안다. 그러나 이 모든 것을 다 명확히 하자면 문법 설명이 너무 복잡해진다.
엄밀히 따지자면 과거분사가 단독으로 앞의 명사를 수식할 때 구의 개념을 적용하기도 어려울 때도 있다.
필자의 의도적 오류를 관대하게 받아 주길 부탁드린다.

✓wherever, whenever, however는 1관왕이다.

오직 부사절을 이끄는 접속사로만 쓴다.

넌 어딜 가든 사랑받을 거야.

Wherever you may go, <u>you will be loved.</u>
부사절 └→ 부사절을 이끄는 접속사 ──주절

너가 공부할때마다 도와줄게.

Whenever you study, <u>I will help you.</u>
부사절 └→ 부사절을 이끄는 접속사 ──주절

☆ 너가 아무리 영리해도 공부를 열심히 해야된다.

However smart you may be, <u>you have to study hard.</u>
부사절 └→ 부사절을 이끄는 접속사 ──주절
However는 부사절을 이끄는 접속사임과 동시에 Smart를 수식

☆ 아무리 자주 날 방문해도 난 널 도울거야. 특히 However가 시험에 잘 나온다.

However often you may visit me, <u>I will help you.</u>
부사절 └→ However는 부사절을 이끄는 접속사임과 동시에 often(부사)를 수식

who, whom, which, what, whoever, whichever, whatever가 들어가는 접속사는 불완전한 문장을 이끈다는 것을 알 수 있다. 이 들 자체가 기본적으로 명사여서 이끄는 문장에서 주어 보어 목적어 역할을 하기 때문이다.

제4장

오

동사의
"시제와 태"

☆ 제 4장

동사의 시제와 태

영어 학습자들이 가장 이해하기 힘들어 하는 부분이 바로 동사의 시제일 것이다. 그러나 걱정할 필요가 없다. 어차피 영어의 시제를 완전히 이해하고 자유자재로 구사할 수 있는 한국인은 없다. 그리고 한국어의 시제를 완전히 이해하고 자유자재로 구사할 수 있는 외국인도 없다.

그 만큼 영어의 시제는 정복 불가능한 것이니 적당히 내려놓고 각자가 준비하는 시험에 맞게 그냥 외우면 된다. 각종 한국 영어시험에서 애매한 시제문제, 새로운 시제문제는 나올 수 없다. 출제자도 영어 시제를 완전히 이해하지 못하기 때문이다. 이미 여러 차례 출제되어 검증이 완료된 문제만 나온다.

즉 답이 완전히 정해진 문제만 출제된다. 토익 지문을 보면 유독 현재완료형이 많이 나온다. 그 만큼 교양 있는 원어민은 현재완료를 즐겨 쓴다는 방증인데, 한국인이 영작한 지문을 보면 현재완료형을 발견하기 어렵다.

현재완료형을 원어민처럼 구사하기가 힘들기 때문이다. 보통 현재형, 단순과거, 단순미래를 많이 쓴다. 학습자들도 그 정도만 적당히 알아두면 된다. 미래는 미래고 과거는 과거니 어려울 것도 없다.

현재완료는 현재와 과거의 성격을 모두 가진 그 무언가이다 라고 생각하면 된다.

그리고 과거완료는 과거의 과거라고 이해하면 된다. 그 외엔 각자의 필요에 맞게 그냥 답을 외우면 된다.

다만 현재완료, 현재완료 수동태, 현재완료 진행형, 과거완료, 과거완료 수동태, 과거완료 진행형, 수동태의 진행형 등 그 생김새가 특이한 것들을 외워야한다. **보통 알고 있겠지만 현재완료형 have+과거분사에서 have는 우리가 알고 있는 '가지다' 뜻의 의미와 별로 상관이 없는 단어다. 그냥 과거분사와 결합하여 현재완료형을 만든다. have + 과거분사로 묶어서 하나의 동사라고 보면 무방하다. 주어가 3인칭 단수이면 has를 쓴다.** 과거완료형의 had도 같은 맥락으로 이해하면 된다.

다음 페이지에서 집중적으로 여러 시제의 능동태와 수동태에 대해 공부하겠다.

✓ 시제별 태 연습

이해를 하면 더 좋겠지만 **무작정 외워도 무방하다.** 다음 페이지에 설명을 덧붙인다.

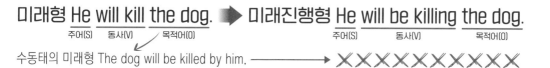

미래형 He will kill the dog. ➡ 미래진행형 He will be killing the dog.

수동태의 미래형 The dog will be killed by him. ⟶ ✕✕✕✕✕✕✕✕✕✕

현재형 He kills the dog. ➡➡ 현재진행형 He is killing the dog.

수동태의 현재형 The dog is killed by him. ⟶ 수동태의 현재진행형 The dog is being killed by him.

과거형 He killed the dog. ➡➡ 과거진행형 He was killing the dog.

수동태의과거형 The dog was killed by him. ⟶ 수동태과거진행형 The dog was being killed by him.

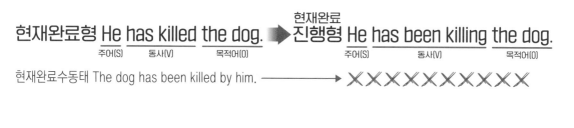

현재완료형 He has killed the dog. ➡ 현재완료진행형 He has been killing the dog.

현재완료수동태 The dog has been killed by him. ⟶ ✕✕✕✕✕✕✕✕✕✕

과거완료형 He had killed the dog. ➡ 과거완료진행형 He had been killing the dog.

과거완료수동태 The dog had been killed by him. ⟶ ✕✕✕✕✕✕✕✕✕✕

✓ **몇 가지 어려운 태만 시제별로 공부해 보자.**

수동태의 진행형

The dog is killed by him이라는 **수동태**를 진행형으로 만들어 보자.

수동태의 기본 조건은 be동사+과거분사이다. 그리고 진행형의 기본조건은 be동사+ing다.
이 조건을 모두 충족시킬 수 있는 형태는

The dog is being killed by him이다.

현재완료의 수동태

He has killed the dog의 **수동태**를 만들어 보자.

현재완료형의 기본조건은 have+과거분사이고 수동태의 기본조건은 be+과거분사이다.
be동사의 과거분사 형태는 been이므로 현재완료 수동태의 조건을 모두 충족시키는 형태는

The dog has been killed by him이다.

현재완료 진행형

현재완료형의 기본조건은 have+과거분사이고 진행형의 기본조건은 be+ing이다.
be동사의 과거분사 형태는 been이므로 이 모든 조건을 충족시킬 수 있는 **현재완료진행형**은

He has been killing the dog이다.

제5장

오

짧게 보는
"문장 5형식"

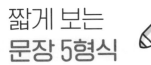 제 5장

짧게 보는
문장 5형식

✓**1형식**　　주어+자동사만으로 문장이 성립한다.

He died.
주어(S)　동사(V)

✓**2형식**　　주어+be동사+보어 (보어자리에는 명사도 올 수 있고 형용사도 올 수 있다)
　　　　　　become, seem, look, remain등은 be동사 취급할 수 있다.

He is Tom.　He is smart.　He becomes smart.
주어(S) 동사(V) 보어(C)　주어(S) 동사(V) 보어(C)　주어(S)　동사(V)　보어(C)

He looks smart.　He remains silent.
주어(S) 동사(V) 보어(C)　주어(S) 동사(V) 보어(C)

✓**3형식**　　타동사+목적어 수동태전환이 가능하다.

He killed the dog.
주어(S)　동사(V)　목적어(O)

The dog was killed by him.
　　　　　　　과거분사 ☆　→ 이자리에 명사 (목적어가 올 수 없음)

was killed 뒤에는 **명사가 올 수 없음**에 주의하자. 즉 3형식의 수동태 뒤에는 **목적어가 올 수 없다.**

✓ 4형식 주어+수여동사+간접목적어+직접목적어

He gave me a book.
주어(S) 동사(V) 간접목적어 직접목적어

I was given a book by him. 4형식의 수동태

4형식의 수동태 뒤에는 목적어 즉 **능동태일 때의 직접목적어가 따라옴에 주의하자.**

cf) He gave a book to him. 이 문장은 3형식이다. to him은 gave를 꾸미는 부사구다.
주어(S) 동사(V) 목적어(O) 전치사+명사 부사구
동사수식

✓ 5형식 주어+동사+목적어+목적보어

He called me Tom.
주어(S) 동사(V) 목적어(O) O·C (목적보어)

그는 나를 Tom이라고 불렀다. 여기서 me를 '나를'이라고 해석해야한다.
앞에서 배운 4형식 문장(He gave me a book)에서는 me가 '나에게'로 해석되었지만 5형식 문장에서는 '나를'로
해석되어야한다. 무엇이 이 차이를 만드는가? 바로 동사이다. 4형식 동사 give offer send등은 뒤에 나오는
간접목적어를 ~에게로 해석해야 되지만 5형식동사 call name appoint elect 등은 목적어 me를 '나를'로 해석해야
된다. 그리고 목적어 뒤에 나오는 목적보어는 목적어를 보충 완성하는 단어가 나와야한다. 목적보어의 해석은
~라고 또는 ~로서로 해석하여 목적어의 정체를 보충 완성 또는 서술해 주어야한다.

I was called Tom by him. 5형식의 수동태
주어(S) 전치사 + 명사 부사구

He made me happy.
주어(S) 동사(V) 목적어(O) O·C (목적보어)

목적보어자리에는 명사도
오지만 형용사가 더 자주옴
형용사

목적보어 자리에는 형용사가 나오는 경우가 더 많다. 이 형용사는 목적어를 서술해 주어야 한다.
목적보어자리에 형용사를 받는 동사에는 make, find, keep 등이 있다.

I was made happy by him. 5형식의 수동태

제6장

오

길게 보는
"문장 5형식"

 제 6장

길게 보는 문장 5형식

✓1형식   주어+자동사

1형식 문장에서 동사 뒤에 올 수 있는 품사는 오직 부사다.
그 부사가 한 단어 부사일 수도 있고 부사구, 즉 To부정사, 전치사+명사, 현재분사(분사구문), 과거분사(분사구문)
일수도 있고 부사절일 수도 있다. 자동사 뒤에 나오는 구가 형용사구인지 부사구인지 고민할 필요가 없다.
무조건 부사구이기 때문이다.

그는 행복하게 죽었다. happily는 당연히 부사.

그는 조국을 구하기 위해서 죽었다. 고민할 필요 없이 to save his country는 To부정사의 부사적 용법.

in the room이 부사구라는 것은 너무도 명확하다.

그는 메시지를 남기면서 죽었다.
쉼표를 생략했다 할지라도 leaving a message가 부사구 즉 분사구문이라는 것은 분명하다.

He died, surrounded by his sons. 부사구 (분사구문)

주어(S)　동사(V)　수식

그는 그의 아들들에게 둘러싸인 채 죽었다. surrounded 앞의 쉼표가 없다 할지라도 surrounded by his sons가 부사구, 즉 분사구문인 것은 분명하다. died가 자동사이기 때문이다.

He died because he had not eaten anything for two weeks. 부사절

주어(S)　동사(V)　부사절을 이끄는 접속사

그는 2주 동안 아무것도 먹지 않았기 때문에 죽었다. because절이 부사절인 것은 분명하다.

자동사 뒤에 부사, 부사구, 부사절이 아무리 많이 나와도 여전히 1형식이다. He died~는 영원한 1형식이다.

✓**2형식** 주어+be동사+보어

be동사의 보어자리에는 명사, 명사구, 명사절, 형용사, 형용사구가 올 수 있다.

a. be동사의 보어자리에 명사, 명사구, 명사절이 온 경우:

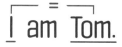

I am Tom.

To see is to believe. 보는 것이 믿는 것이다.
To부정사의 명사적용법　To부정사의 명사적용법

내 희망은 그가 곧 회복하는 것이다.

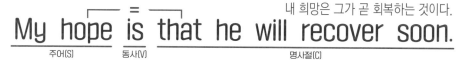

My hope is that he will recover soon.
주어(S)　동사(V)　명사절(C)

b. be동사의 보어자리에 형용사 형용사구가 온 경우:

He is smart.
주어(S) 동사(V) 형용사(C)

주어와 보어가 완전한=관계가 성립하는것은 아니지만
smart가 He를 서술 보충한다.

He is to study overseas.
주어(S) 동사(V) C 형용사구 (to부정사의 형용사적 용법. be to용법)

to study가 He와=관계가 성립하는것은
아니지만 주어 He를 서술 보충한다.

to study overseas가 smart처럼 주어 He를 서술하는 보어로 쓰였다. to부정사의 형용사적 용법이다.
be to 용법이라고도 하는데 보통 ~할 예정이다라고 해석한다. 그는 해외에서 공부할 예정이다.
토익에서 몇 번 출제되었고 공시에도 나온다.

The issue is of importance.
전 + 명
형용사구 (보어역활)

그 문제는 중요하다.

전치사+명사, of importance가 위의 smart처럼 주어 The issue를 서술하는 보어로 쓰였다. 형용사구다.

cf) To see is to believe.에서 to believe는 주어 To see와 동일의 것이 되는 to부정사의 **명사적**
용법이고 He is to study overseas에서 to study overseas는 주어 He를 서술하는 to부정사의
형용사적용법이다.
He is Tom에서 Tom이 주어 He와 동일의 것인 명사로서 보어이고, He is smart에서 smart가
주어를 서술하는 형용사인 것과 같은 이치이다.

✓**3형식** 주어+타동사+목적어

타동사의 목적어 자리에는 명사, 명사구, 명사절이 올 수 있다.

He killed the dog.
주어(S) 동사(V) 목적어(O)

He plans to study overseas.
주어(S) 동사(V) 목적어(O)

He enjoys studying English.
주어(S) 동사(V) 목적어(O)

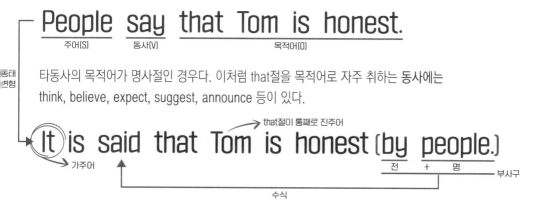

People say that Tom is honest.
주어(S) 동사(V) 목적어(O)

타동사의 목적어가 명사절인 경우다. 이처럼 that절을 목적어로 자주 취하는 **동사**에는 think, believe, expect, suggest, announce 등이 있다.

It is said that Tom is honest (by people.)

3형식에서 목적어 자리에 that절이 왔을 경우 수동태의 구성이 독특하다. It은 가주어고 that Tom is honest가 진주어다. 그것 즉 Tom이 정직하다는 것이 말되어진다로 해석된다. 시험에 자주 나온다.

✓4형식 주어+타동사(특히, 수여동사)+간접목적어+직접목적어

간접목적어는 ~에게로 해석하고 직접목적어는 ~를 로 해석한다.
수여동사는 ~를 주다에 해당되는 give offer send buy등이 있다.

He gave me a book. 그는 나에게 책을 주었다.
주어(S) 동사(V) 간접목적어 직접목적어

I was given a book by him.
간접목적어가 주어로 오고 남아도는
직접목적어 a book이 동사 뒤에 나왔다.

cf) He gave a book (to me.)
주어(S) 동사(V) 목적어(O) 전치사+명사 부사구
동사수식

이 문장은 몇 형식일까? 3형식 문장이다. 목적어가 a book 하나뿐이기 때문이다.
여기서 to me는 무슨 역할을 하는 품사일까? **부사구이다.** 즉 to me가 동사 gave를 꾸민다.

He told me that I should study English. [4형식]

주어(S) 동사(V) 간접목적어   직접목적어

수동태 변환

그는 나에게 영어를 공부해야한다고 말했다. me가 간접목적어이고 명사절 that I should study English가 직접목적어다. 명사절이 직접목적어 자리에 온, 약간은 난이도가 있는 문형이다. 이 문형에 쓰이는 동사에는 assure(확신시키다), convince(확신시키다), remind(상기시키다), advise(권고하다), inform(알리다), 등이 있다. 이 문형의 수동태는 더 어렵고 시험에 잘 나온다.

→ I was told that I should study English by him.

나는 들었다.

4형식에서 명사절이 직접목적어로 온 경우의 수동태다. 간접목적어인 me가 주어로 오고 be+과거분사에 that절이 따라 나와 조금은 생소하지만 자주 쓰이는 표현이다. be told를 '들었다'라고 해석해야한다.

예문을 한 개 더 공부해보자.

능동태
He reminded me that I should study English.

주어(S)   동사(V)   간접목적어   직접목적어

그는 나에게 영어를 공부해야한다고 상기시켰다.

수동태
I was reminded that I should study English by him.

나는 상기되어버렸다.   that~이라고

✓5형식   주어+동사+목적어+목적보어

He called me Tom.
주어(S)   동사(V)   목적어(O)   목적보어(O·C)

목적보어자리에는 명사 or 형용사가 온다.

He made me happy.
주어(S)   동사(V)   목적어(O)   목적보어(O·C)

☆☆☆ 고난이도

목적보어 자리에는 명사와 형용사가 오는데 사실 형용사가 오는 경우가 더 많고 그 형태도 복잡하다.
우선 이런 의문을 던져 보자. 목적보어 자리에 한 단어 형용사(happy)외에 형용사구, 즉 To부정사, 전치사+명사,
현재분사, 과거분사가 들어 갈 수 있을까? 당연히 들어 갈 수 있고 더 나아가 아주 자주 쓰인다. 예를 들어 보자.

1. 형용사적 용법의 To부정사가 목적보어 자리에 들어 간 경우 여기서 To 부정사는 ~하도록으로 해석한다.

그는 나를 영어를 공부하도록 허락했다.

위 예문에서 to study English는 목적보어로 쓰여 ~하도록으로 해석되어야 한다. 그렇다면 to study English가
To부정사의 부사적용법(~하기 위해서)인지 목적보어 역할의 형용사적용법(~하도록), 즉 5형식 용법인지는
어떻게 구분할 수 있을까? 물론 해석을 해보면 알 수 있다. 그러나 문맥이 명확하지 않을 경우, 무엇을 따져
봐야 할까? 일단 5형식에서 **목적보어가 To부정사 일 때는 목적어가 90%이상 사람이다.** 또, To부정사를 목적
보어로 받는 동사는 어느 정도 정해져 있고 워낙 자주 사용되니 자주 읽어 볼 필요가 있다.

예를 들어, advise A to부정사 (A에게 to~하라고 충고하다), allow A to부정사 (A에게 to~하라고 허락하다)
permit A to부정사 (A에게 to~하라고 허락하다), ask A to부정사 (A에게 to ~하라고 요구하다)
require A to부정사 (A에게 to ~하라고 요구하다), request A to부정사 (A에게 to~하라고 요구하다)
expect A to부정사 (A가 to~할 것으로 기대하다), enable A to부정사 (A가 to~하도록 가능하게하다)
invite A to부정사 (A가 to~하도록 초대하다), tell A to부정사 (A가 to~하도록 말하다)
encourage A to부정사 (A가 to~하도록 용기를 북돋다), urge A to부정사 (A가 to~하도록 촉구하다)
want A to부정사 (A가 to~하도록 원하다), force A to부정사 (A가 to~하도록 강요하다)
persuade A to부정사 (A가 to~하도록 설득하다), influence A to부정사 (A가 to~하도록 영향을 미치다)
recommend A to부정사 (A가 to~하도록 추천하다) 등이 있다. 관용어처럼 달달 외우면 더 좋다.

가장 핵심적인 부분은 **to부정사의 의미상 주어가 문장의 목적어라면** 그 to부정사를 80%이상 목적보어로 보아야
한다. 즉 그 문장을 5형식으로 보아야한다. 이를 To부정사의 부사적 용법과 비교해 보자.

동사수식 부사구

He bought a book to study English (To부정사의 부사적 용법) 그는 영어를 공부하기 위해서 책을 샀다.
여기서 to부정사의 의미상 주어는 문장의 주어 'He'이다. 다시 말해서 영어공부를 하는 주체는 목적어 'a book'이
아니라 'He'이다. 이때 to study English는 동사 bought를 꾸미는 부사로 쓰였다.
그래서 To부정사의 부사적용법이다. 반면, He allowed me to study English에서는 영어를 공부하는 주체가
'He'가 아니라 'me'이다. 다시 말해서 **to부정사의 의미상 주어가 문장의 목적어 'me'이다.** 이때 이 문장을 5형식
문장이라 하고, to부정사는 목적보어가 된다. 이 5형식 문장은 수동태로 아주 자주 쓰여서 수동태 문장을 잘
익혀둘 필요가 있다. 예를 들어 'I was allowed to study English'라는 형태로 잘 쓰인다.
그래서 be advised to부정사, be allowed to부정사, be permitted to부정사, be asked to부정사
be required to부정사, be told to부정사, be encouraged to부정사, be urged to부정사, be enabled to부정사
식으로 관용어처럼 외우면 좋다. 이해하지 못해도 된다. 그냥 자주 읽어두자. 관용어처럼 각 종 시험에 자주
출제되고 영어 회화 등 실생활에서도 유용하게 잘 쓰이는 표현이다.

문장 5형식에서 동사가 사역 동사 (make, let, have ~하도록 시키다) 이거나 지각동사 (see, notice, watch,
observe, hear) 이면 목적보어 역할을 하는 to부정사에서 to가 생략된다. 다시 말해서 원형부정사가 목적보어
자리에 온다. 다음 예문을 보자.

He made me to shut the door. 그는 내가 문을 닫도록 시켰다.
주어(S) 동사(V) 목적어(O) 목적보어(O·C)

He had me to shut the door. 그는 내가 문을 닫도록 시켰다.
주어(S) 동사(V) 목적어(O) 목적보어(O·C) 여기서 had는 사역동사 have(~하도록 시키다)의 과거형이다.

Let me to introduce myself. 내가 내 자신을 소개하도록 시켜주세요 (공손한 표현)
동사(V) 목적어(O) 목적보어(O·C)

He heard the telephone to ring. 그는 전화가 울리는 것을 들었다 (heard 지각동사)
주어(S) 동사(V) 목적어(O) 목적보어(O·C)

He helped me(to) complete my assignment.

준사역동사 help가 동사로 왔을경우, 목적보어역할을 하는 to부정사의 to는 생략할 수도 있고
안할 수도 있다.

2. 5형식에서 목적보어 자리에
전치사+명사 형태의 형용사구가 온 경우.

left의 목적어이자 in chaos의 의미상 주어.

He left the country in chaos. 그는 그 나라를 혼돈상태로 내 버려두었다.
주어(S) 동사(V)   목적어(O)   목적보어[형용사구]

여기에서 leave는 5형식 동사로서 '~를 ~이도록 내버려두다'의 의미로 쓰였고 전치사+명사 in chaos는
목적보어로서 목적어 the country를 보충 서술한다. 토익 시험에는 다루지 않는다. 공시 영어에는 나올 수 있다.

3. 5형식에서 목적보어 자리에 현재분사가 들어 간 경우

현재분사도 형용사 취급하므로 목적보어 자리에 올 수 있다. 다음의 예문을 보자.

He saw me crossing the street.
주어(S) 동사(V) 목적어(O)   목적보어(O·C)

그는 내가 거리를 횡단하고 있는 중인 것을 보았다.
여기서 crossing the street은 목적보어로서 목적어 'me'가 거리를 횡단하는 중이라는 것을 생생하게 서술하는
역할을 한다. 누차 강조하지만 목적보어의 의미상 주어는 목적어이다.

4. 5형식에서 목적보어자리에 과거분사가 온 경우

과거분사도 형용사 취급하기 때문에 목적보어 자리에 얼마든지 올 수 있다. 다음의 예문을 보자.

He saw me punished. 그는 내가 처벌 당하는것을 보았다.
주어(S) 동사(V) 목적어(O)   목적보어(O·C)

목적어가 어떤 행위를 당할 때는 목적보어자리에 과거분사를 쓴다. 시험에 자주 나오는 예문을 한 개 더 들어보자.

We will keep you updated.
주어(S)　동사(V)　목적어(O)　목적보어(O·C)

우리는 너가 새소식을 계속 받도록 유지할 것이다. '추후 상황을 계속 알려 주겠다'의 의미로 자주 쓰이는 표현이다. 이 표현은 특히 수동태로 잘 쓰인다.

You will be kept updated (by us)

이 수동태 모양은 과거분사 kept와 updated가 연속으로 겹쳤기 때문에 어색해 보이지만 실제로 잘 쓰이는 좋은 표현이다. 시험에 자주 활용되고 있다.

제7장

오

전치사+명사
형용사구인가?
부사구인가?

☆ 제 7장

전치사+명사, 형용사구인가? 부사구인가?

I saw a book [on] the desk.

이 문제에서 정답이 on이라는 것을 알 수 있는 가장 핵심적인 단어는 무엇일까? the desk이다. 장소 때를 나타내는 단어는 그 앞의 전치사를 결정할 수 있다. the desk 대신 the room이 있었다면 전치사 in이 답이다. 다시 말해서 이 문제의 정답을 맞히려면 괄호 뒤의 명사를 봐야한다.

on the desk, in the room, by 3 A.M. for 5days, around the world 이런 식으로 외워야 한다. 이처럼 전치사를 그 뒤의 명사, 즉 전치사의 목적어가 결정한 경우에는, 그 전+명사가 형용사구로 쓰였는지 부사구로 쓰였는지 따질 필요가 없다. 문맥을 보면 명확해진다.

I have a solution ([to] the problem.)

명사수식 ← | 전치사 + 명사 → 형용사구

이 문제에서 정답이 to라는 것을 알 수 있는 가장 핵심적인 단어는 무엇일까? a solution이다.

그래서 'solution to'라고 외워두어야한다. 어떤 명사는 뒤에 나오는 전치사를 결정한다. 이때 solution이 전치사 to를 결정했으므로 to the problem은 부사구가 아닌 형용사구일 확률이 100%다.

solution to (해결책 뒤에는 전치사 to), schedule for (계획 뒤에는 전치사 for), interest in (관심 뒤에는 전치사 in) effect on (영향 뒤에는 on), workshop on (학술적 일 뒤에는 on), awareness of (인식 지식 뒤에는 of), revision to (개정 교정 뒤에는 to) 이런 식으로 외워야 한다. 물론 상황에 따라 다른 전치사가 올 수도 있다.

다만 이런 식의 문제가 자주 출제된다.

I cleared all the books [from] the desk.

주어(S) | 동사(V) | 목적어(O) | 전치사 + 명사 → 부사구
동사수식

이 문제에서 정답이 from이라는 것을 알 수 있는 가장 핵심적인 단어는 무엇일까? 동사 cleared이다. from을 동사 cleared가 결정했으므로 from the desk가 (형용사구가 아닌)부사구일 확률은 100%이다.

prevent A from B(A를 B로부터 막다), attribute A to B(A를 B탓으로 돌리다) add A to B(A를 B에 더하다), 이런 식으로 외워야한다.

찍을 수 있는 고난도 문법 문제.

The division of the program [into two episodes] is being considered.

명사수식   전치사 + 명사   형용사구

그 프로그램을 두 개의 에피소드로 나누는 것이 고려되고 있다. 여기서 division에 빈칸을 두면 고난도 문제이다. 정답 division을 결정하는 핵심 단어는 무엇일까? 바로 전치사 into이다. into는 division과 호응하는 전치사이므로 into two episodes는 명사 division을 수식하는 형용사구다. divide A into B, division ~into 이런 식으로 외워야한다. 토익 공무원시험에서 자주 출제된다.

리포터들은 그들의 기사에 대한 교정사항들을 편집자들에게 제출해야 한다.
역시 토익 공무원시험에 나온 참 훌륭한 문제다. revisions에 빈칸 처리했는데 바로 뒤의 전치사 to의 의미를 물어보았다. 여기서는 ~대한 이라는 뜻으로 쓰였는데 이 to는 revisions 과 호응을 이룬다.
다시 말해서, 전치사 to를 결정하는 단어는 revisions이므로 to the articles는 revisions를 꾸미는 형용사구다. 변화, 교정 뒤에 to, 아니면 revisions to 이런 식으로 외워야한다. 이 문제가 특히 좋았던 이유는 한 문장에서 전치사 to를 두 개 사용해 그 정확한 용법을 물어봤다는 것이다. to the editors에서 전치사 to를 결정한 단어는 무엇일까? submit이다. 즉 to the editors는 부사구로서 동사 submit을 수식한다.
submit A to B식으로 외워야한다. 형용사구와 부사구의 차이를 물어본, 그래서 독해력을 물어본 전형적 문제다. to their articles는 형용사구이고, to the editors는 부사구라는것을 이해해야한다.

제8장

한번 더 풀어보는
"2관왕, 3관왕"
이야기

 **제 8장**

한번 더 풀어보는
2관왕, 3관왕 이야기

✓ 과거분사는 몇 관왕일까? **3관왕 또는 4관왕**

1. be동사 뒤에서 수동태를 완성한다. be 동사 뒤에 오는 형용사로 볼 수도 있다.

The dog <u>was killed</u> by him.
be+과거분사=수동태

2. 명사를 수식하는 형용사로 쓴다.

The dog (killed in the yard) is my dog.
주어(S)   명사수식형용사   전치사   +   명사   동사(V)   보어(C)

형용사수식   부사구

3. 과거분사구 (분사구문)를 형성하여 부사구로 쓰인다.

Killed in the yard, the dog went to Heaven.
동사수식

4. have, had와 결합하여 현재완료와 과거완료형을 만든다. 마치 동사인 것처럼 쓰인다.

They have killed the dog. (현재완료형)
주어(S)   동사(V)   목적어(O)

They had killed the dog. (과거완료형)
주어(S)   동사(V)   목적어(O)

cf) 위와 같이, 타동사 kill의 과거분사 killed는 3관왕 또는 4관왕이지만 자동사 die의 과거분사 died는 몇관왕일까?
1관왕이다. 즉 자동사의 과거분사는 수동태에서도 쓰이지 않고, 명사를 꾸미는 형용사로도 쓸 수 없다.
오직 현재완료형과 과거완료형을 만들 때 쓰인다. (위의 4번용법) 자동사 die는 형용사로 쓰이려면
현재분사형태 dying으로 쓰는 경우밖에 없다.

✓To 부정사는 몇 관왕일까? **3관왕**

1. 명사적 용법

To see her is to love her. I plan to study overseas.
　주어(명사구)　　　　　　　보어(명사구)　　　　　　　　　　　　목적어(명사)

It is easy to read the book.
　↳가주어　　　　　　진주어 (명사구)

It이 가주어고 to 이하가 진주어. To 부정사의 명사적 용법이다.

I found it easy to read the book.
주어(S)　동사(V)　　가목적어　　　　　　　　　　진목적어(명사구)

it이 가목적어이고 to read the book이 진목적어이다. easy는 목적보어다. (문장 5형식)
나는 그것 즉 책을 읽는 것이 쉽다는 것을 발견했다.

2. 형용사적 용법

I have the obligation (to help the boy.)
주어(S)　동사(V)　　　　목적어(O) ▲　　　　　　　　　　형용사구
　　　　　　　　　　　　　　명사수식

I have a book to read.
주어(S)　동사(V)　　목적어(O) ▲
　　　　　　　　　　　수식 (To부정사의 형용사적 용법)

He is to study overseas. [그는 해외에서 유학할 예정이다]
주어(S)　동사(V)　　　　보어(C) To부정사의 형용사적 용법

to study overseas가 be동사의 보어로서 형용사적으로 쓰였다.
일명 be to용법이라하여 ~할 예정이다라는 뜻으로 쓰인다.

주어(S) 동사(V) 목적어(O) 목적보어 [목적어 me를 서술, 보충]

5형식 문장으로 목적보어 자리에서 형용사적으로 쓰였다.
이해하기 어려우면 allow A to부정사라고 그냥 외워도 된다.

3. 부사적 용법

동사수식

주어(S) 동사(V) 보어 형용사 easy수식 [To부정사의 부사적 용법]

to read가 형용사 easy를 수식하여 부사적으로 쓰였다. 그 책은 읽기에 쉽다.

✓전치사＋명사는 몇 관왕일까? 2관왕

1. 형용사구

I have a solution [to the problem.] 나는 문제에 대한 해결책을 가지고 있다.

The issue is of importance. 이 문제는 중요하다.

전치사 ＋ 명사 ── be동사의 보어로서 형용사구

2. 부사구

I cleared all the books from the desk. 책상으로부터 모든 책을 치웠다.

✓ing는 몇 관왕일까? 3관왕

1. 동명사

Seeing her is believing her.
　　주어(S)　　　　　　보어(C)

I enjoy studying English.
주어(S)　동사(V)　　목적어(O)

2. 형용사적 현재분사

The man (killing a dog) is Tom.
　　　　　　　형용사구　　동사(V)　보어(C)
　　명사수식

3. 부사적 현재분사(분사구문)

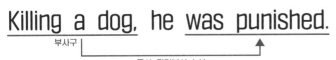

Killing a dog, he was punished.
　부사구　　　　　　동사, 과거분사 수식

✓접속사 Who는 몇 관왕일까? 2관왕

1. 명사절을 이끄는 접속사

I know who loves me.
주어(S) 동사(V)　　목적어(O)　명사절

2. 형용사절을 이끄는 접속사 (관계대명사)

I know the man (who loves me.)
주어(S) 동사(V)　목적어(O)　　　　　형용사절
　　　　　　　명사수식

✓접속사 which는 몇 관왕일까? 2관왕

1. 명사절을 이끄는 접속사

I know (which) is better.
주어(S) 동사(V)　　명사절을 이끄는 접속사
　　　　목적어(O)　명사절

2. 형용사절을 이끄는 접속사 (관계대명사)

This is the book (which was published yesterday.)
주어(S) 동사(V)　보어(C)　형용사절을 이끄는 접속사　형용사절
　　　　　　　명사수식

✓접속사 whose는 몇 관왕일까? 2관왕

1. 명사절을 이끄는 접속사

명사절을 이끄는 접속사

I know (whose) house was burned.

주어(S)　동사(V)　　　　　　　목적어(O)　　　　　　　　명사절

2. 형용사절을 이끄는 접속사 (소유격 관계대명사)

형용사절을 이끄는 접속사

I know the man (whose) house was burned.

주어(S)　동사(V)　　목적어(O)　　　　　　　　　　　　　형용사절

수식

✓접속사 what은 몇 관왕일까? 1관왕

접속사 what은 오직 명사절을 이끄는 접속사로만 쓰고 불완전한 문장을 이끈다. 명사절을 이끄는 접속사 that과 비교하여 자주 시험에 나온다. (명사절을 이끄는 접속사 that은 완전한 문장을 이끈다)

What (is important) is money.

주어(S)

My question is what (he wants.)

보어(C)

I know what (he wants.)

목적어(O)

그 외 접속사 where, when, why, how, whether, if, whoever, whatever, whichever, whenever, wherever, however에 대해서는 제3장에 정리한 것을 참고하기 바란다. 부사절을 끄는 접속사 since, as, before, after, until은 전치사로도 쓰인다.

✓쉽지만 한번쯤 짚고 넘어가야할 이야기

To <u>see</u> is to <u>believe</u>. 보는 것은 믿는 것이다.
　　자동사　　　　　자동사

To부정사의 명사적 용법이다. 그런데 To see, to believe뒤에는 왜 To부정사의 목적어가 없을까? 당연한
이야기지만 여기서는 see와 believe가 자동사로 쓰였기 때문이다. 자동사가 To부정사, 동명사, 현재분사로
변형되었을 때도 뒤에는 목적어가 오지 않는다. **물론 see와 believe는 타동사로도 쓴다.**

The man (killing a dog) is Tom.

현재분사의 killing의 목적어

타동사의 현재분사

The man (dying in the room) is Tom.

자동사의 현재분사

killing뒤에는 현재분사의 목적어 a dog가 있지만 dying뒤에는 현재분사의 목적어가 왜 없을까? 당연한
이야기지만 타동사 kill은 현재분사로 변형된다 할지라도 목적어가 뒤따라 나와야하지만 자동사 die는 현재분사
형태에서도 목적어를 취할 이유가 없다.

The are talking about <u>publishing a book</u>.
　　　　　　　　　　　　　　동명사　　　　　동명사의
　　　　　　　　　　　　　　　　　　　　　목적어

전치사 about뒤에 동명사구 publishing a book이 나왔다.
about뒤에 To부정사의 명사적 용법 to publish a book은 안될까? 안된다.
전치사 뒤에는 to부정사가 올 수 없다.

제9장

2

명사절을 이끄는
"접속사가 불완전한"
문장을 이끄는 경우

 # 제 9장

명사절을 이끄는 접속사가
불완전한 문장을 이끄는 경우

명사절을 이끄는 접속사들 중 불완전한 문장을 이끄는 접속사에는 어떤 것들이 있을까? 쉬우면서도 어려운 문제이다. 일단 그 접속사의 원래 품사가 명사이면 따라오는 절은 불완전하다. 즉 who, whom, which, what, whoever, whichever, whatever는 명사절을 이끄는 접속사임과 동시에 자신이 이끄는 문장에서 명사 역할을 한다. 즉 명사절을 이끄는 접속사와 명사의 기능을 겸한다. 그래서 이들이 이끄는 문장은 불완전하다. 예문을 들어보자.

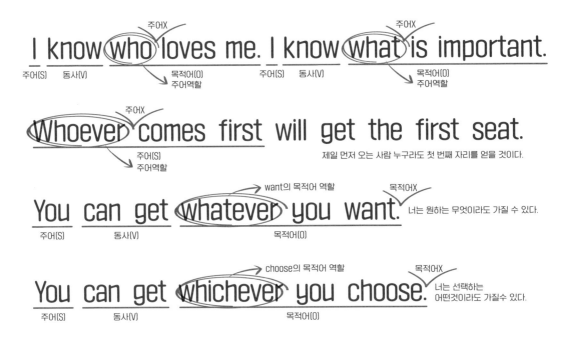

위의 접속사들이 이끄는 명사절은 모두 불완전하다. 왜냐하면 그 명사절을 이끄는 접속사들이 명사 기능을 겸하는 단어여서 이끄는 문장에서 명사의 역할, 즉 주어, 보어, 목적어 역할을 했기 때문이다.

cf) whoever, whatever, whichever는 복합관계대명사로서 좀 더 자세한 설명이 필요하지만 이해의 편의를 위해서 생략했다. 양해바란다.

✓ 그런데 **예외적인 경우가 있다. 다음의 예문을 보자.**

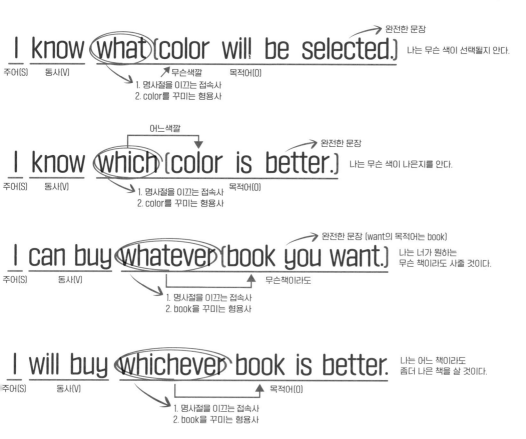

이번에는 접속사가 이끄는 명사절이 모두 완전하다. 왜일까? 이 문장에 있는 모든 접속사가 명사가 아닌, 형용사 역할을 겸했기 때문이다. 즉 명사절을 이끄는 접속사임과 동시에 자신은 그 이끄는 문장에서 color, book을 수식하는 형용사 역할을 했기 때문이다. 다시 말해서, what이 명사 '무엇'이 아니라 형용사 '무슨'으로 쓰였다.

이때 이 접속사를 괄호하여 묻는 문제가 나온다면 고난도 문제이다. 그러나 이런 문제도 쉽게 답할 수 있다. 위의 예문에서 color, book이 셀 수 있는 명사임에도 그 앞에 관사가 없다.

왜일까? what, which, whatever, whichever가 접속사 역할과 형용사 역할을 함과 동시에 관사 역할까지 했기 때문이다. 반면, who, whom 뒤에는 예외 없이 불완전한 문장이 나온다.

cf) 형용사절을 이끄는 접속사 즉 관계사에서는 주격 관계대명사, 목적격 관계대명사 뒤에는 불완전한 문장, 그 외에는 완전한 문장이 나온다.

✓어느 수강생이 이런 질문을 했다.
I know who loves me에서 who가
주격 관계대명사인가요?

이 질문에 여러분은 어떻게 대답하고 설명할것인가?
그리고 질문한 학생이 착각하고 있는 것은 무엇일까?
답을 하자면 위의 who는 주격관계대명사가 아니다.

관계대명사는 형용사절을 이끌어야 하는데 위 문장에서는 who가 명사절을 이끌고 있다.
즉 위 문장의 who는 명사절을 이끄는 접속사다.

여기서 who가 주격 관계대명사다. 즉 관계사는 형용사절을 이끄는 접속사다.
아주 기초적인 내용이지만, 명사절과 형용사절을 구분 못하는 수강생들이 생각보다 많다.
복잡하고 어려운 문법을 어설프게 아는것보다는 기초적인 문법을 확실히 아는 것이 훨씬 더 중요하다.

제10장

오

품사로 보는 비교급,
"so~that"
such~that
이야기

제 10장

품사로 보는 비교급, so~that, such~that 이야기

He runs fast. runs는 자동사이고 fast는 부사이다.

He runs faster. faster는 여전히 부사지만 비교급 형태이다.

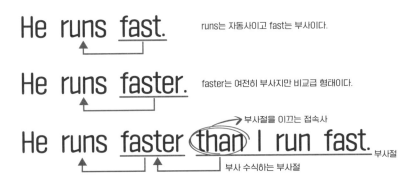

부사절을 이끄는 접속사

He runs faster than I run fast. 부사절

부사 수식하는 부사절

than I run fast는 비교부사 faster를 수식하는 부사절이고 than은 부사절을 이끄는 접속사다. than절 없는 faster는 있을 수 있지만, faster없는 than절은 있을 수 없다.

He runs faster than I. 주절과 중복되는 내용을 보통 생략한다. 그래도 여전히 than절은 부사절이고 than은 부사절을 이끄는 접속사다. 이처럼 비교급에서는 주절과 중복되는 내용을 부사절 than이하 절에서 생략하기 때문에 than뒤에 완전한 문장이 나올 가능성은 낮다.

She is beautiful. beautiful은 be 동사의 보어로서 형용사다.
형용사

She is more beautiful. more은 부사로서 beautiful을 비교급으로 만들어 준다.
비교형용사

부사절을 이끄는 접속사

She is more beautiful than I am beautiful.

비교형용사를 수식하는 부사절

than I am beautiful은 more beautiful을 수식하는 부사절이고 than은 부사절을 이끄는 접속사다. than절 없는 more beautiful은 있을 수 있지만, more beautiful 없는 than절은 있을 수 없다.

She is more beautiful than I.

중복되는 부분을 생략했지만 than절은 여전히 부사절이다.
than이 기본적으로 부사절을 이끄는 접속사이지만 than뒤에 완전한 문장이 나올 확률은 낮다.

✓동등비교

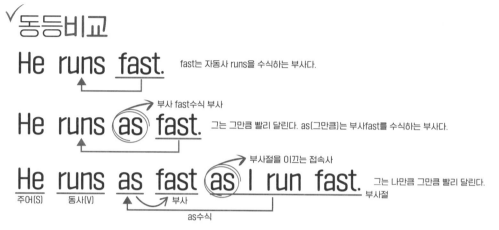

He runs fast. fast는 자동사 runs를 수식하는 부사다.

He runs (as) fast. 그는 그만큼 빨리 달린다. as(그만큼)는 부사fast를 수식하는 부사다.

부사절을 이끄는 접속사
He runs as fast (as) I run fast. 그는 나만큼 그만큼 빨리 달린다.

as I run fast는 앞의 부사 as(그만큼)를 수식하는 부사절이고 as는 부사절을 이끄는 접속사다. 즉, fast앞의 as는 부사이고, fast뒤의 as는 접속사다. **동등비교에서 as I run fast의 존재이유는 앞선 부사 as를 수식하는 것이다.**

He runs as fast as I.

주절과 중복되는 내용을 생략했지만 as절은 여전히 부사절이고 as는 부사절을 이끄는 접속사다.
동등 비교에서 접속사 as뒤에 완전한 문장이 나올 확률은 낮다.

cf)He runs twice as fast as I. **그는 나보다 2배로 빨리 달린다.** 3배라면 three times.
이때 twice, three times는 부사로서 부사 as 앞에 붙인다.

She is beautiful. beautiful은 be동사의 보어로서 형용사다.

She is (as) beautiful. as는 부사로서 형용사 beautiful을 수식한다.

부사절을 이끄는 접속사
She is (as) beautiful (as) I am beautiful.

as I am beautiful은 앞에 나오는 부사 as(그만큼)를 수식하는 부사절이고 as는 부사절을 이끄는 접속사다.

She is as beautiful as I.

주절과 중복되는 부분을 생략했지만 as절은 여전히 부사절이고 as는 부사절을 이끄는 접속사다.
동등 비교에서 접속사 as절에 완전한 문장이 나올 확률은 낮다.

cf) She is twice as beautiful as I. 그녀는 나보다 2배로 아름답다.

3배로라면 three times. 여기서 twice, three times는 부사 as를 수식하는 부사다.

✓찍을 수 있는 중급 난이도 문법문제 하나.

The man(   ) the dog is(또는 are) my friend(s). 빈칸에 들어 갈 수 있는 단어의 품사에 대해 생각해 보자.
일단 형용사는 안된다. 관사 앞에 형용사가 올 수 없기 때문이다. To부정사, 전치사, 현재분사가 제일 유력하다.
the dog를 목적어로 받을 수 있기 때문이다. 그래서 To부정사의 목적어, 전치사의 목적어, 현재분사의 목적어
개념 즉 형용사구에 대한 이해가 중요하다. 그 다음으로 등위 접속사 and, or, but의 가능성을 열어 두어야한다.
등위접속사 뒤에는 명사가 나올 수 있기 때문이다. 그 중 but이 답이 될 확률이 가장 낮다. not A but B구문,
not only but also구문을 제외하면 but뒤에 명사가 단독으로 올 경우가 별로 없다. 보통 말이 잘 안된다.
rather than(~라기 보다는), as well as(~뿐만 아니라)도 가능하다. 둘 다 기본적으로 접속사지만 비교, 동등
비교에서 나온 접속사인 만큼 그 뒤에 대개 불완전한 문장이 나온다. 즉 명사가 단독으로 나올 수 있다.
의미가 좀 억지스럽긴 하지만 다음과 같은 문장이 문법적으로 가능하다.

The man [to kill] the dog is my friend.
to부정사의 목적어

The man [with] the dog is my friend.
전치사의 목적어

The man [killing] the dog is my friend.
현재분사의 목적어

The man [and] the dog are my friends.
주어(S)

The man [or] the dog is my friend.
주어(S)

The man (rather than) the dog is my friend.

The man (as well as) the dog is my friend.

토익 시험에서는 위 예문의 정답들 중 하나만 선택지에 나온다. 즉 a. 형용사단어 b. 동사단어 c. and d. but 이런 식이다. 위에서 말했듯이 적어도 토익에서는 명사와 명사 사이에 but을 쓸 가능성이 낮다. 정답은 c. and다. 위 예문의 정답들 중 한 두개는 매회 시험에 나온다. 품사 개념에 밝은 사람이 시험에서 잘 찍고, 독해도 빨리 늘고, 영작문의 개념도 쉽게 잡고, 수준 높은 회화도 잘한다. 품사개념을 잡는것이 수능영어와 공무원영어 공부의 첫 걸음이다.

✓so ~that 구문, such ~that 구문

He studies hard.
studies는 자동사고 hard는 자동사를 수식하는 부사다.

He studies so hard.
so는 부사 hard를 수식하는 부사다.

He studies so hard (that he can pass the exam.)
수식   부사절을 이끄는 접속사   부사절

그는 시험에 통과할 수 있을 정도로 그렇게(so) 열심히 공부한다.

that he can pass the exam절은 부사 so를 수식하는 부사절이다. that이 부사절을 이끄는 대표적인 예이기 때문에 시험에 잘 나온다. 부사 so없이는 that절의 존재이유가 없다. 다시 말해서, that절 없는 so는 있을 수 있지만 so 없는 that절은 있을 수 없다.

He is smart. smart는 be동사의 보어로서 형용사다.

He is so smart. so는 형용사 smart를 수식하는 부사다.

He is so smart (that he can pass the exam.)

수식　　부사절을 이끄는 접속사　부사절

그는 시험에 통과할 정도로 그렇게(so) 영리하다. that절은 부사 so를 수식하는 부사절이고 that은 부사절을 이끄는 접속사다. **that이 부사절을 이끄는 접속사로 쓰인 예로서 시험에 잘 나온다. 부사 so없이는 that절의 존재이유가 없다.** 다시 말해서, that절 없는 so는 있을 수 있지만 so없는 that절은 있을 수 없다.

He is such a smart boy.

형용사　명사수식

형용사는 관사 앞에 올 수 없는 것이 일반적이지만 **형용사 such가 예외적으로 관사 앞에 온 경우다.**

He is such a smart boy that he can pass the exam.

부사절을 이끄는 접속사

형용사수식

부사절

그는 시험에 통과할 정도로 그렇게(such) 영리한 소년이다.
that he can pass the exam은 형용사 such를 수식하는 부사절이고 that은 부사절을 이끄는 접속사다.
such가 없다면 부사절 that절은 존재이유가 없다. 다시 말해서 that절 없는 such는 있을 수 있지만 such 없는 that절은 있을 수 없다.

제11장

접속사
"that 이야기"

☆ 제 11장

접속사 that 이야기

접속사로서 가장 흔하게 쓰이는 that이 3관왕인 것은 너무도 당연하다.
그 용법이 다양하니 꼭 정리를 해둬야 한다.

✓ 명사절을 이끄는 접속사 that

1. People say that Tom is honest.
주어(S) 동사(V) 목적어(O)

that절이 목적절이니 명사절이고 that은 **명사절을 이끄는 접속사다.**

2. It is said that Tom is honest.
가주어 진주어

It은 가주어이고 that절이 진주어다. that은 **명사절을 이끄는 접속사다.** 1번 예문의 수동태이다.

3. He told me that I should study English.
주어(S) 동사(V) 간접목적어 직접목적어

me가 간접목적어이고 that절이 직접목적어 역할을 했다. 문장 4형식이다.
that절은 명사절이고 that은 **명사절을 이끄는 접속사.**

4. I was told that I should study English.

3번 예문의 수동태이다. that절은 **명사절이다.**

✓형용사절을 이끄는 접속사[관계사] that

1. He | is | the man (that loves Jane.)
   그는 | 이다 | 그 남자 | 그는 | 사랑한다 | 제인을
   형용사절
   명사수식
   형용사절을 이끄는 접속사 [주격관계대명사 who]

선행사 the man을 보고 that절이 형용사절임을 직감할 수 있다.
that이 loves의 주어 역할을 겸하고 있으므로 주격관계대명사다.

2. He | is | the man (that Jane loves.)
   그는 | 이다 | 그 남자 | 그를 | 제인은 | 사랑한다
   형용사절
   수식
   형용사절을 이끄는 접속사 [목적격관계대명사 whom]

선행사 the man을 보고 that절이 형용사절임을 알 수 있다.
that이 loves의 목적어 역할을 겸하고 있으니 that은 목적격 관계대명사다. 생략 가능하다.

형용사절을 이끄는 접속사 [관계부사 where]

3. I remember the place (that I met him.)
   주어(S) 동사(V) 목적어(O)
   수식
   형용사절

선행사 the place를 보고 일단 that절이 형용사절임을 직감한다. that뒤에 완전한 문장이 나온 것을 보고
that이 형용사절을 이끄는 접속사 중에서도 관계부사 where을 대신했다는 것을 확신한다.

형용사절을 이끄는 접속사 [관계부사 when]

4. I remember the day (that I met him.)
   주어(S) 동사(V) 목적어(O)
   수식
   형용사절

선행사 the day를 보고 that이 관계부사 when을 갈음하는 that일지도 모른다는 추측을 해보고, that뒤에 완전한
문장이 온 것을 확인한다. 역시 여기서 that은 when을 대신하는 관계부사, 즉 형용사절을 이끄는 접속사다.

형용사절을 이끄는 접속사 [관계부사 why]

5. I remember the reason (that I met him.)
   주어(S) 동사(V) 목적어(O)
   수식
   형용사절

형용사절을 이끄는 접속사이자 관계부사인 why를 대신하는 that이다.

형용사절을 이끄는 접속사 (관계부사 how)

6. I remember the way (that I met him.)

주어(S) 동사(V) 목적어(O) ▲ 형용사절
수식

마찬가지로 관계부사 how를 대신하는 that이다. 형용사절을 이끄는 접속사다.

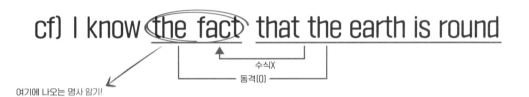

cf) I know (the fact) that the earth is round

수식X
동격(O)

여기에 나오는 명사 암기!

좀 어려운 개념이다. 일단 the fact라는 명사를 보고 that절이 형용사절일거라고 생각하기 쉽다. 그러나 that절을 형용사절로 보기에는 석연치 않은 점들이 눈에 뜨인다. 형용사절을 이끄는 접속사에는 관계대명사와 관계부사가 있는데 일단 이 that은 관계대명사는 아니라는 것을 한눈에 알 수 있다.

that뒤에 완전한 문장이 나왔기 때문이다. 관계대명사 뒤에는 불완전한 문장이 나와야한다. 그렇다면 that이 관계부사인가하고 생각할 수 있는데 (관계부사 뒤에는 완전한 문장이 나오므로) 역시 관계부사도 아니다. 관계부사의 선행사에는 장소, 때, 이유, 방식에 해당되는 단어가 나와야 되는데 the fact는 그 4가지 경우에 해당되지 않는다. 그래서 사람들은 the fact와 that절을 수식의 관계가 아닌 동격의 관계로 본다.

that절이 명사 the fact와 동격이니 that절을 명사절로 정의하는 것이 타당하다. 이때 that절과 동격을 이룰 수 있는 명사는 어느 정도 정해져 있다. that절 안에 있는 어떤 문장과 동격을 이룰 수 있는 단어들을 생각해 보자. 즉 지구가 둥글다는 사실, 지구가 둥글다는 의견, 지구가 둥글다는 발표, 지구가 둥글다는 표시, 지구가 둥글다는 징후, 이런 명사가 나와야한다. opinion, suggestion, indication, announcement 등이 시험에서 답이 되었다.

✓부사절을 이끄는 접속사 that

1. He studies hard so that he can pass the exam.

부사절을 이끄는 접속사 [~하기 위해서]

수식

so that절은 부사 hard를 수식하는 부사절이다. 해석) 그는 시험을 통과하기 위해서 열심히 공부한다.
so that을 하나의 접속사로 생각하여 ~하기 위해서로 해석한다.

2. He studies hard in order that he can pass the exam.

부사절을 이끄는 접속사

in order that은 so that과 같은 뜻의 **부사절을 이끄는 접속사다** (~하기 위해서)

3. He is so smart (that he can pass the exam.)

수식

부사 SO를 수식하는 부사절

so ~ that구문에서 that은 부사절을 이끄는 접속사이다. 그는 **시험에 통과할 수 있을 정도로 그렇게(so) 영리하다.**

4. He is such a smart boy (that he can pass the exam.)

수식

형용사 such를 수식하는 부사절

such ~ that구문에서 that은 부사절을 이끄는 접속사다.
그는 시험에 통과 할 수 있을 정도로 그렇게(such) 영리한 소년이다.

5. He was pleased (that he passed the exam.)

주어(S) 동사(V) 형용사(C)

수식

형용사 pleased를 수식하는 부사절

그는 시험에 통과해서 기뻤다. 형용사 happy, disappointed, glad 등 감정을 나타내는 **형용사 뒤의 that절은 부사절** 취급하여 ~여서, ~이기 때문에로 해석한다.

✓ cf] It ~ that 강조용법

The boy broke the window yesterday에서 the boy를 강조한 강조구문을 만들어보자.

어제 창문을 깬 것은 다름 아닌 그 소년이다.

1.It was the boy that broke the window yesterday.
→ 주격 관계대명사 who

이번에는 the window를 강조해보자.

2.It was the window that the boy broke yesterday.
→ 목적격 관계대명사 which   그 소년이 어제 깬 것은 그 창문이다.

yesterday를 강조해보자.

3.It was yesterday that the boy broke the window.
→ 관계부사 when   그 소년이 창문을 깬 것은 어제였다.

It~that 강조구문에서 that의 품사는 무엇일까? 1번 예문에서 that은 주격관계대명사이다. who로 대신할 수 있다. 2번 예문에서 that은 목적격 관계대명사이다. broke의 목적어가 the window이기 때문이다. 목적격 관계대명사 which로 대신할 수 있다. 3번 예문의 that은 관계부사 when의 대용이다. 때를 나타내는 부사. yesterday를 강조했기 때문이다. 다시 말해서 It~ that 강조용법에서 that은 관계사, 즉 형용사절을 이끄는 접속사다.

cf) **It** is my fault that you were injured (너가 다친 것은 내 탓이야)에서 It은 가주어이고 that절은 진주어 이다. 즉 that절은 명사절이고 that은 명사절을 이끄는 접속사다.
[가주어]   [진주어]

that의 용법이 위와 같이 다양하지만, 목적격 관계대명사 that이야말로 가장 자주 쓰이면서도 한국말과 어순과 정반대여서 독해, 영작문, 회화에 걸림돌이 된다. 특히, 목적격 관계대명사는 생략이 가능해서 고난도 문제로 자주 출제된다. 접속사는 관계대명사, 특히 목적격 관계대명사를 중심으로 정리하는 것이 효과적이다.
쉬운 문장에서 어려운 문장까지 다양한 예문을 들어 본서에서 배운 문법 내용들을 목적격 관계대명사와 더불어 공부해 보자. 잊지 말자. **목적격 관계대명사는 형용사절을 이끄는 접속사다.**

☆생략된 목적격 관계대명사
(형용사절을 이끄는 접속사)를 찾아라!

목적격 관계대명사는 자주 생략된다. 목적격 관계대명사의 다양한 패턴을 이해하는 것은 아주 중요하다.

목적격 관계대명사 whom또는 that

He is the man I love. 그는 내가 사랑하는 남자다.

love의 목적어는 the man

목적격 관계대명사 whom또는 that

He is the man I have taken care of. 그는 내가 돌봐온 남자다.

take care of를 하나의 동사로 취급해야 된다. take care of의 목적어가 the man이다.

The bank president is talking about the new system (the bank will perform next year.)

목적격 관계대명사 which 또는 that

은행장은 그 은행이 내년에 수행할 새 시스템에 대해 이야기하고 있다. perform의 목적어가 the system이다.
perform과 the new system은 호응을 이루는 단어다. 다시말해서 the system은 perform의 목적어로서 어울린다.
perform 또는 the system에 괄호하는 문제가 잘나온다.☆여기서 next year는 부사로서 perform의 목적어가 될 수 없다.☆

The bank president is talking about the new system (the bank will carry out next year.)

목적격 관계대명사 which 또는 that

은행장은 그 은행이 내년에 수행할 새 시스템에 대해서 이야기하고 있다.
carry out은 하나의 동사로서 perform과 같은 뜻의 단어다. carry out의 목적어가 the new system이다.

The chef has introduced <u>the new cuisine</u> (the audience can sample.)

셰프는 청중이 시식 할 수 있는 새 요리를 소개했다. sample(맛보다)의 목적어가 the new cuisine이다.
sample에 괄호하면 어려운 문제다. the new cuisine을 목적으로 받을 수 있는 동사가 괄호안에 들어가야 한다.

목적격 관계대명사 whom또는 that 생략

He is the boy (I invited to the party.) 그는 내가 파티에
초대한 소년이다.

invited에 괄호하는 문제가 나온다. to the party가 답의 근거가 될 수 있다. invite A to B.

~에 대해서 보상받다.

All the employees should <u>be compensated for</u> the

time (they spent producing the high quality products.)

목적격관계대명사 which 또는 that   spent의 목적어는
the time   부사구로서 spent의 목적어가 될 수 없다.

모든 직원들은 고품질의 제품을 생산하는데 그들이 소비한 시간에 대해 보상 받아야한다.
spent의 목적어가 the time이다. spend A~ ing. ~ing하는데 시간을 쓰다. **spent에 괄호하면 독해력, 목적격**
관계대명사에 대한 이해, spend A~ing의 암기 여부를 한꺼번에 물어볼 수 있는 좋은 문제다. producing은
부사구로서 spent의 목적어가 될 수 없다.

목적격 관계대명사 which 또는 that 생략   to handle의 목적어는
the subject

You have brought up <u>the subject</u> (I really want to handle.)

너는 내가 정말 다루고 싶은 주제를 꺼내들었다. 형용사절 I really want to handle에서 to handle은 동사 want의
목적어로서 to부정사의 명사적용법이다. **to handle의 목적어가 the subject다. the subject와 I 사이에 목적격**
관계대명사가 생략되었다.

목적격 관계대명사 which 또는 that 생략

Global warming is the issue [we all are concerned about.]

지구 온난화는 우리 모두가 우려하는 문제이다. be concerned about (~대해 우려하다)을 하나의 동사로 보면 동사의 목적어가 the issue이고, 따로 보아도 전치사 about의 목적어가 the issue이다. **보통 be concerned about이 하나의 동사인 것처럼 쓰인다.**

목적격 관계대명사 which 또는 that 생략

All the customers are requested to update the passwords [they use.]
5형식 requested A to 부정사의 수동태

모든 고객들은 그들이 사용하는 패스워드를 새로운것으로 바꾸도록 요청된다.
use의 목적어가 the passwords이다.

목적격 관계대명사 which 또는 that 생략

All the pass words [customers are using] now should be updated as soon as possible for the security purpose.

고객들이 사용하고 있는 패스워드는 보안상의 목적으로 가능한 빨리 새것으로 바뀌어야 한다.
are using의 목적어가 all the pass words이다.

목적격 관계대명사 which 또는 that 생략

please direct all the questions [you have] to Dr. Park.

너가 가진 모든 질문은 Dr. Park에게 향해져야한다.
direct A to B, 즉 to Dr. Park에서 전치사 to는 Direct가 결정했다. 그래서 to Dr. Park은 Direct를 꾸미는 부사구이다. have의 목적어는 all the questions이다. **여기서 direct 또는 to에 괄호하면 direct A to B의 호응관계와 더불어 questions와 you사이에 생략된 목적격관계대명사도 물어보는 좋은 문제가 된다.**

1번 Tom is the person in charge to whom all the questions should be directed.

전치사+관계대명사는 직독직해 해도 되고 to whom이하절을 형용사절 취급하여, the person을
수식하도록 해석해도 된다. Tom이 모든 질문이 향해져야할 책임자다. (질문은 담당자 Tom에게 하세요)
whom을 생략하거나 whom대신에 that이 들어갈 경우 전치사 to를 문장 맨 뒤로 꺼내야 한다.
즉 다음과 같은 문장이 가능하다.

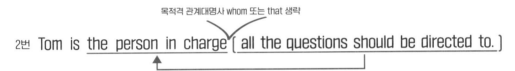

Tom이 모든 질문이 향해져야할 책임자다. be directed to, 즉 전치사 to의 목적어는 the person이고 charge와
all사이에는 목적격 관계대명사가 생략 되었다. **전치사 to는 direct와 호응관계에 있으므로 be directed to라고 쓴
2번 문장이 더 일반적이다.**

다시한번 더 정리하면 다음과 같다.

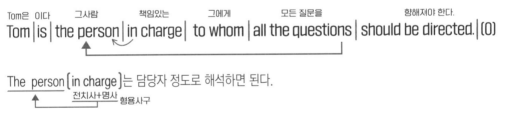

The person (in charge)는 담당자 정도로 해석하면 된다.

전치사 to를 문장 뒤로 보내니 표현이 조금 더 부드러워진다. 물론 여전히 whom은 **목적격 관계대명사다.**
the person은 be directed to의 목적어이다.

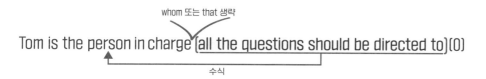

whom 또는 that 생략

Tom is the person in charge (all the questions should be directed to)(0)

수식

that이므로 반드시 to는 맨뒤로

Tom is the person in charge (that all the questions should be directed to)(0)

수식

반드시 문장 뒤로가야 함.

Tom is the person in charge (to) that all the questions should be directed.(x)

whom 대신 that을 사용했을 경우 반드시 **전치사 to를 문장 뒤로 끄집어내야 한다.**

문장 맨뒤로.

Tom is the person in charge (to) all the questions should be directed.(x)

목적격 관계대명사를 생략했을 경우 그 앞에 있는 전치사는 문장 끝으로 보내야한다.

대기오염   이다   문제   그 문제에 대해서   우리는 인식해야 한다.

Air pollution | is | the issue | of which | we should be aware. |

수식   형용사절

전치사+관계대명사는 일단 직독직해 한다.
즉, 대기오염은 이슈이다. 그것에 대해 우리는 인식해야한다. (대기 오염은 우리가 인식해야할 문제이다.)
which를 생략하거나 that으로 바꾸면 전치사 of를 문장 끝으로 보내야 한다. **사실 of는 be aware와 호응을
이루므로, 다음의 문장이 더 일반적이다.**

that or which 생략됨.   목적어는 the issue

Air pollution is the issue (we should be aware of.)

하나의 타동사로 봐도 됨.

대기오염은 우리가 인식해야 할 문제이다. 여기서 issue와 we사이에 목적격 관계대명사가 생략되었다.
be aware of를 하나의 동사로 보면 **동사의 목적어는 the issue**이고 따로 보면 전치사 of의 목적어가
the issue라고 보면 된다.

한번 더 정리하면 다음과 같다.

대기오염은　　이다　　문제　　그 문제에 대해서 우리는　　인식해야 한다.
Air pollution | is | the issue | of which | we | should be aware. | (O)
→ 형용사절

→ 여기의 목적어는 the issue
Air pollution is the issue (which we should be aware of.) (O)
└ 수식
→ 하나의 타동사로 봐도 된다.

위 문장처럼 of가 문장 끝으로 가 be aware of가 되었을 때 표현이 조금 부드러워진다.

목적격 관계대명사 which 또는 that 생략
Air pollution is the issue we should be aware of. (O)
of가 문장 뒤에 갔을 때 목적격 관계대명사 which를 생략할 수 있다.

Air pollution is the issue (that we should be aware of.) (O)
└ 수식
목적격 관계대명사 which대신에 that을 썼을 경우, of는 반드시 맨 끝으로 가야한다.

Air pollution is the issue of that we should be aware. (X)
→ that이 왔을때는 of가 반드시 문장 맨 뒤로.
which대신에 that을 썼을 경우 of가 문장 끝으로 가야 한다. 즉, 전치사+that은 안된다.

→ 목적격 관계접속사 생략시 of는 반드시 문장 맨 뒤로.
Air pollution is the issue of we should be aware. (x)
목적격 관계대명사 생략 시 전치사 of는 문장 끝으로 가야한다. 즉, be aware of형태라야 한다.

1번   Tom의   제기했다   이슈를   그것에 대해서   나는   정말 원했다   이야기 하는것을

1번 Tom | brought up | the issue | about which | I | really wanted | to talk |

→ 문제 따위를 꺼내다, 제기하다.

전치사+관계대명사는 직독직해 하면 쉽다. Tom은 문제를 제기했고 그 문제에 대해서 나는 이야기 하고 싶었다. (Tom은 내가 이야기하고 싶었던 문제를 꺼내들었다) 위 문장에서 which를 생략하거나 which대신에 that을 쓰면 about이 문장의 맨 뒤로 가야한다. 그래서 다음의 문장이 가능하다.

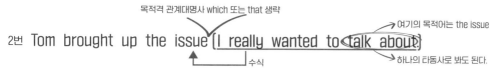

2번 Tom brought up the issue [I really wanted to talk about]

목적격 관계대명사 which 또는 that 생략 / 수식 / 여기의 목적어는 the issue / 하나의 타동사로 봐도 된다.

사실, 2번 표현이 더 일반적이다. about은 talk과 호응 관계를 이루므로 talk와 about은 붙어있는 것이 더 좋다.

한번 더 정리하면 다음과 같다.

Tom은   제기했다   이슈를   그 이유에 대해서   나는   정말 원했다   이야기 하는것을

Tom | brought up | the issue | about which | I | really wanted | to talk. (O) |

→ 형용사절

전치사 about의 목적어는 which라고 할 수 있다. **그래서 which는 목적격 관계대명사이다.** 전치사+관계대명사 뒤에는 완전한 문장이 나온다. about which이하절을 the issue를 수식하는 형용사절로 해석해도 무방하다.

Tom brought up the issue [which I really wanted to talk about. (O)]

수식

to부정사, to talk about의 목적어가 the issue이다. **그래서 which는 목적격 관계대명사이다.**

목적격 관계대명사 which 또는 that 생략

Tom brought up the issue I really wanted to talk about. (O)

목적격 관계대명사 which를 생략했다.

Tom brought up the issue [that I really wanted to talk about. (O)]

수식

목적격 관계대명사 which대신에 that을 써도 된다.

Tom brought up the issue <u>about</u> that I really wanted to talk.〔x〕

목적격 관계대명사 that을 쓰면 전치사는 문장 끝으로

목적격 관계대명사 that을 썼을 때는 그 앞의 전치사를 반드시 문장 뒤로 보내야 한다.
즉, talk about이 되어야한다.

Tom brought up the issue <u>about</u> I really wanted to talk.〔x〕

목적격 관계대명사 생략시 전치사는 반드시 문장 끝으로

목적격 관계대명사를 생략 했을 때는 그 앞의 전치사를 반드시 문장 끝에 보내야 한다.
즉, talk about이 되어야한다.

목적격 관계대명사 which 또는 that 생략

to share의 목적어는 the issue

The agenda lists the issues 〔the president allowed us to share.〕
　　　　　　　　　　　　　　　　　　주어(S)　　　　동사(V)　목적어(O)　목적보어

그 회의 일정표는 회장이 우리가 공유하도록 허락한 이슈들을 나열하고 있다.
allow A to부정사는 5형식 문장이다. **이때 to부정사 즉, to share의 목적어가 the issues이다.**
(제 6장에서 자세히 다루었다)

목적격 관계대명사 which 또는 that 생략

The agenda lists the issues 〔we are allowed <u>to share</u> (by the president).〕
　　　　　　　　　　　　　　　　　　　　　　　　　　　　to부정사의 목적어는 the issue

그 회의 일정표는 우리가 공유하도록 허락된 이슈를 나열하고 있다.
5형식 allow A to부정사는 수동태로 잘 쓴다. **여기서도 to부정사 to share의 목적어는 the issues이다.**
즉, the issues와 we사이에 목적격 관계대명사가 생략되었다.

목적격 관계대명사 which 또는 that 생략

to deal with의 목적어는 the issue

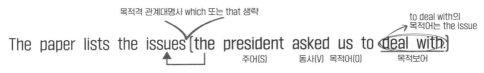

The paper lists the issues 〔the president asked us to deal with.〕
　　　　　　　　　　　　　　　　주어(S)　　　　동사(V)　목적어(O)　　목적보어

그 서류는 회장이 우리가 다루도록 요청한 이슈를 나열하고 있다. ask A to부정사는 5형식이다.
여기서 목적보어 to deal with의 목적어는 the issues이다.

그 서류는 우리가 다루도록 요청된 이슈를 나열하고 있다. 5형식 ask A to부정사는 수동태로 잘 쓴다.
위 문장에서는 deal with의 목적어는 the issues이다.

이것은 내가 그에게 어제 준 책이다. the book과 I사이에 목적격 관계대명사가 생략되었다.
이때 생략되어진 관계대명사 뒤에는 목적어가 빠진 불완전한 문장이 나와야 한다. 그런데 위 문장에서는 gave의
간접목적어 him이 있어 얼핏 완전한 문장인 것처럼 보인다. 사실 gave는 4형식 동사여서 간적목적어 him뒤에
직접목적어가 나와야 완전한 문장이다. **즉 위의 관계대명사는 직접 목적어가 빠진 불완전한 문장을 이끌고 있다.**
위 문장에서 gave의 직접 목적어는 the book이다. yesterday는 부사로서 목적어가 될 수 없다.

Air pollution is the issue we can find urgent

대기오염은 우리가 긴급하다고 판단할만한 문제이다. we can find the issue urgent는 5형식 문장이다.
주어(S) 동사(V) 목적어(O) 목적보어

urgent가 목적보어임을 먼저 이해해야한다. 예시 문장에서 the issue와 we사이에 목적격 관계대명사가 생략
되었다. find의 목적어는 the issue이고 urgent는 목적보어이다.

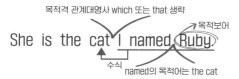

그 암고양이는 내가 Ruby라고 이름 붙인 고양이다.
I named the cat Ruby라는 문장이 5형식임을 먼저 이해해야 한다. 위 문장에서 the cat과 I사이에는
어(S) 동사(V) 목적어(O) 목적보어

목적격관계대명사가 생략되었다. 즉 named의 목적어는 the cat이고 Ruby는 목적보어이다.

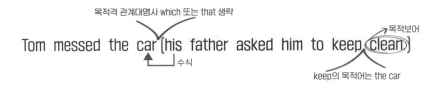

Tom은 그의 아버지가 깨끗하게 유지하라고 요청한 차를 엉망으로 만들었다.

He keeps the car clean은 5형식 문장이다라는 것을 먼저 이해해야 한다.
주어(S) 동사(V) 목적어(O) 목적보어

위 문장에서 the car와 his father사이에는 목적격 관계대명사가 생략되었고 to keep의 목적어는 the car이다.
clean은 목적보어이다. 드물게 나오는 복잡한 문장이다.

제12장

2

명사절을 이끄는 **접속사**,
형용사절을 이끄는 **접속사**,
부사절을 이끄는 **접속사**,
그리고 **구와 절**의 구성요소,
한 장에 정리하는 **영문법**

☆ 제 12장

명사절을 이끄는 **접속사**, 형용사절을 이끄는 **접속사**, 부사절을 이끄는 **접속사**, 그리고 **구와 절**의 구성요소, 한 장에 정리하는 **영문법**

명사절을 이끄는 접속사: that, whether, if, where, when, why, how, whose, who, whom, which, what, whoe whichever, whatever 총 15개이다. 이 중 명사절을 이끄는 접속사로만 쓰이는 1관왕은 what뿐이다.
나머지 14개중 9개 that, where, when, why, how, who, whose, whom, which는 형용사절을 이끄는 접속사
즉, 관계사로도 쓰고, 8개 that, whether, if, where, when, whoever, whatever, whichever는 부사절을 이끄는
접속사로 재활용된다. 특히, that, where, when은 명사절, 형용사절, 부사절을 모두 이끌수 있는 3관왕이다.

형용사절을 이끄는 접속사(관계대명사): that, who, which, whom, whose, where, when, why, how
총9개 (전치사+관계대명사 제외)다. 9개 모두 명사절을 이끄는 접속사로도 쓴다.
that, when where는 부사절을 이끄는 접속사로도 쓰여 3관왕이다.

부사절을 이끄는 접속사: that, so that, in order that, when, where, if, whether, whatever(no matter what), whoever(no matter who), whichever(no matter which), after, before, while(~인 동안에, ~이지만), since(~때문에, ~이래로), until, as soon as(~하자마자), at the time(when), at the moment(~인 순간에), by the time(~일 때까지), everytime(whenever), anytime(whenever), whenever, wherever, however, no matter when, no matter where, no matter how, because, as(~이기 때문에, ~일 때, ~이듯이), now that(~이제, ~이기 때문에), even though(비록~이지만), although(비록 ~이지만), though(비록 ~이지만), even if(~라 할지라도), whereas(~인 반면에), as long as(~인 한), in case(~의 경우에 대비하여), unless(~이지 않다면), (assuming that, provided that, providing that, given that ~라면, ~를 가정한다면), once(일단 ~라면), in that(~라는 점에서), if only(단지 ~이기만 하다면), lest(~하지 않도록), as if(마치 ~인것처럼), as though(마치~인 것처럼), in the event that(~일 경우에), except that(that이하를 제외하고서) 등 50가지 이상이다. 부사절을 이끄는 접속사로만 쓰는 1관왕이 대부분이다.

명사구는 to부정사의 명사적 용법, 동명사 딱 2개 뿐이고, 형용사구도 딱 4개 To부정사의 형용사적 용법, 전치사+명사, 현재분사, 과거분사이고, 부사구도 딱 4개 To부정사의 부사적 용법, 전치사+명사, 현재분사(분사구문), 과거분사(분사구문)이 있다. 동사가 5가지 형식으로 이루어져 좀 어렵지만, A4용지 한 장에 영어를 구성하는 문과 구의 요소들을 거의 다 나열할 수 있다는 것은 무엇을 의미할까? 영어는 언문이 일치가 된 채로 오랜 시간 사용되면서, 통일된 간결한 문법적 체계를 가진 언어로 발전해왔다. 영어의 장점은 문법이 간결하면서도 효과적이라는데 있다. 그런데 우리는 영문법 때문에 왜 이렇게 고통 받고 있을까?
이제 영어공부의 패러다임을 바꾸자. 이 책을 다 읽은 독자들은 '5시간이면 끝내는 영문법'이라는 황당한 책 제목에 어느 정도 수긍했으리라 믿는다.

마치면서

한정사, 부정대명사, 대명사, 분사의 전치 후치 관계, 조동사 등 다루지 못한 부분도 많다.
이 책 내용을 어느 정도 이해한 후, 각자가 원하는 시험의 수험서를 읽다보면 저절로 익혀지는 부분이다. 이해하기보다는 암기하는 편이 낫겠다 싶은 부분들은 다루지 않았다. 앞에서 밝혀 두었듯이 설명의 편의, 이해의 편의를 위해 의도적으로 누락 한 부분도 있고 문법을 느슨하게 적용한 부분도 있다. 지나치게 엄격한 문법적 잣대를 들이대면 설명이 너무 복잡해지고 핵심을 놓치게 된다. 중요한 부분은 의도적으로 반복 또 반복했다. 이 책에서 다룬 내용을 어느 정도 이해했다면, 그래서 전반적인 품사개념이 잡혔다면, 독해, 어휘, 기출문제풀이 위주로 공부하길 부탁드린다.
이해안가는 부분은 문제의 해설을 보면서 보충하거나 종합문법책을 참고하면 된다.

문법의 무게가 너무 무거우면 발전이 더디다. 설사 이 책의 내용 중 조금 어려운 부분이 있다하더라도 적당히 무시하고 넘어 갈 줄도 알아야한다. 그리고 계속 나아가라. 외우면 결국 이해된다.

☆ ☆ ☆ ☆ ☆ ☆ ☆ ☆ ☆ ☆
다음 장 부록[한장에 정리하는 영문법]을 읽어주세요!

한 장에 정리하는 영문법 ✏️

명사 : 문장에서 주어, 보어, 목적어 역할을 한다.

I am Tom.
주어(명사) 동사(V) 보어(명사)

I like Tom.
주어(명사) 동사(V) 목적어(명사)

√1 명사구 : 구가 통째로 주어, 보어, 목적어 역할을 한다.

1. to부정사의 명사적용법
정이 통째로 주어, 보어, 목적어 역할을 한다.

To see her is to love her.
주어(to부정사) 동사(V) 보어(to부정사)

I plan to study English.
주어 동사(V) 목적어(to부정사)

┌ 1종류
└ 2종류

2. 동명사

Seeing her is loving her.
주어(동명사) 동사(V) 보어(동명사)

I enjoy studying English.
목적어(동명사)

√2 명사절을 이끄는 접속사 15개 :
절이 통째로 주어, 보어, 목적어 역할을 한다.

That he is honest is true.
주어(명사절) 동사(V) 보어

My hope is that he will recover soon.
주어 동사 보어(명사절)

I don't know whether he is honest or not.
주어 동사 목적어(명사절)

I am wondering if he will come here.
주어 동사 목적어(명사절)

I remember where I met him.
주어 동사 목적어

I remember when I met him.
주어 동사 목적어

I remember why I met him.
주어 동사 목적어

I remember how I met him.
주어 동사 목적어

I know who loves me.
주어(명사절) 동사 목적어

I know that he is honest.
동사(V) 목적어명사절을 이끄는 접속사 that(생략가능)

I know whom I love.
주어 동사(V) 목적어

I know whose house was burned.
주어 동사(V) 목적어

I know what is important.
주어 동사(V) 목적어

√ 동사

근동사

He killed the dog.
주어 동사(V) 목적어(다른사람)

The dog was killed by him.
주어 동사(V)(수동태)

동사 3단변형

Kill → 동사의 원형 Killed → 동사의 과거형
Killed → 동사의 과거분사형

He died → 자동사
주어 동사(V)
지동사는 목적어 → 지동사(목적어를 취할 수 없다)
지동사는 목적어 ✗ 지동사는 수동태 ✗

1형식

He died.
주어 동사(V)

2형식

He is Tom. He is smart.
주어 동사(V) 보어 주어 동사(V) 보어

3형식

He killed the dog.
주어 동사(V) 목적어

4형식

He gave me a book.
주어 동사(V) 간·목 직·목

5형식

He called me Tom.
주어 동사(V) 목적어 목적보어

He made me happy.
주어 동사(V) 목적어 목적보어

형용사

He is a smart boy. He is smart. ✗
주어 동사 보어(수식) 주어 동사 보어

√1 형용사구 : 구가 통째로 형용사 역할을 한다.

To부정사 : 구가 통째로 형용사 역할을 한다.
I have the obligation (to help the boy).
주어 동사(V) 목적어(명사) to부정사의 형용사적 용법

전치사+명사 : I saw a girl (with a telescope.)
전+명 = 형용사구

현재분사 : The man (killing a dog) is Tom.
주어 현재분사의 형용사구 동사 보어

과거분사 : The dog (killed) in the yard) is my dog.
주어 동사(V) 보어

√2 형용사절을 이끄는 접속사) 9개

관계
대명사 ┌ 주격   : He is the man (who loves me.)
        │   선행사   관계대명사 주격
        ├ 목적격 : He is the man (whom I love.)
        │   선행사   관계대명사 목적격
        └ 소유격 : He is the man (whose house was burned.)
                       선행사   관계대명사 소유격

관계   Where I remember the place (where I met him.)
부사   관계부사
         Where I remember the day (when I met him.)
                                       관계부사
         Why I remember the reason (why I met him.)
                                       관계부사
         How I remember the way (how we became friends)
                                   관계부사

※ where, when, why, how 모두 생략하거나 that으로 대체 가능.
※ 관계부사는 선행사가 장소이면 where / 때이면 when / 이유일 때 why / 방법일 때 how
※ 형용사절을 이끄는 접속사 9개는 모두 명사절을 꾸미다, where, when으로 부사절을 이끄는 접속사와도 쓰임.

※ how는 거의 항상 생략해서 that으로 대체가능
주격 생략됨.

√ 부사 : 동사, 형용사, 부사수식

He lived (happily.)
주어 동사(V) 부사

He is (very) smart.
주어 동사 부사 형용사

He lived (very) happily.
주어 동사 부사 부사

√1 부사구 (4개) : 구가 통째로 부사 역할을 한다.

To부정사 : I saw a girl (with a telescope.)
          주어 동사(V) 전치사+명사

전+명 : I bought a book to study English.
전치사+명사 to부정사의 부사적용법

현재분사(분사구문) :
Killing a dog, he was punished.
현재분사 주어 동사

과거분사(분사구문) :
Killed in the yard, the dog went to Heaven.
과거분사 주어 동사

√2 부사절을 이끄는 접속사) 50개 이상.
절이 통째로 부사 역할을 한다.

After he killed a dog, he was punished.
동사를 수식하므로 부사 주어 동사

When he comes here, I will go away.
동사를 수식하므로 부사절 현재시제 미래시제

115

당신의 인생이 확 바뀔지도 모르는
5시간만에 끝내는 영문법

2023년 1월 27일 초판 1쇄 발행

지은이 조정환
펴낸이 장재호
펴낸곳 고운빛깔 디자인
주소 경남 진주시 남강로 651번길 11 2층 고운빛깔 디자인
전화 055. 743. 8220
메일 go7942@daum.net
기획 장재호
마케팅 장재호
표지 디자인 장재호
내지 편집 및 디자인 장재호
출판 보조업무 유슬기

ISBN 979-11-955617-2-8